GOBIERNO ELECTRÓNICO EN VENEZUELA. UNA MIRADA DESDE LOS OBJETIVOS DEL DESARROLLO DEL MILENIO

Cuadernos publicados

1. Allan R. Brewer-Carías, *Reflexiones sobre la Revolución Americana (1776) y la Revolución Francesa (1789) y sus aportes al constitucionalismo moderno,* Caracas 1992, 208 pp.

2. Carlos M. Ayala Corao, *El régimen presidencial en América Latina y los planteamientos para su reforma (Evaluación crítica de la propuesta de un Primer Ministro para Venezuela),* Caracas 1992, 122 pp.

3. Gerardo Fernández V., *Los Decretos-Leyes (la facultad extraordinaria del Artículo 190, ordinal 8° de la Constitución),* Caracas 1992, 109 pp.

4. Allan R. Brewer-Carías, *Nuevas tendencias del Contencioso-Administrativo en Venezuela,* Caracas 1993, 237 pp.

5. Jesús María Casal H., *Dictadura Constitucional y Libertades Públicas,* Caracas 1993, 187 pp.

6. Ezequiel Monsalve Casado, *Enjuiciamiento del Presidente de la República y de los Altos Funcionarios,* Caracas 1993, 127 pp.

7. Gustavo J. Linares Benzo, *Leyes Nacionales y Leyes Estadales en la Federación Venezolana (La repartición del Poder Legislativo en la Constitución de la República),* Caracas 1995, 143 pp.

8. Rafael J. Chavero Gazdik, *Los Actos de Autoridad,* Caracas 1996, 143 pp.

9. Rafael J. Chavero Gazdik, *La Acción de Amparo contra decisiones judiciales,* Caracas 1997, 226 pp.

10. Orlando Cárdenas Perdomo, *Medidas Cautelares Administrativas (Análisis de la Ley Orgánica de Procedimientos Administrativos, la Ley sobre Prácticas Desleales del Comercio Internacional y la Ley para Promover y Proteger la Libre Competencia),* Caracas 1998, 120 pp.

11. Roxana D. Orihuela Gonzatti, *El avocamiento de la Corte Suprema de Justicia,* Caracas 1998, 158 pp.

12. Antonio Silva Aranguren, *Los actos administrativos complejos,* Caracas 1999, 137 pp.

13. Allan R. Brewer-Carías, *El sistema de justicia constitucional en la Constitución de 1999, (Comentarios sobre su desarrollo jurisprudencial y su explicación, a veces errada, en la Exposición de Motivos),* Caracas 2000, 130 pp.

14. Ricardo Colmenares Olivar, *Los derechos de los pueblos indígenas,* Caracas 2001, 264 pp.

15. María Eugenia Soto Hernández, *El proceso contencioso administrativo de la responsabilidad extracontractual de la Administración Pública venezolana,* Caracas 2003, 139 pp.

16. Fabiola del Valle Tavares Duarte, *Actos Administrativos de la Administración Pública: Teoría general de la Conexión,* Caracas 2003, 113 pp.

17. Allan R. Brewer-Carías, *Principios Fundamentales del Derecho Público,* Caracas 2005, 169 pp.

18. Augusto Pérez Gómez, *Actos de Origen Privado,* Caracas 2006, 266 pp.

19. Jaime Rodríguez Arana, *El Marco Constitucional de los entes Territoriales en España,* Caracas 2006, 185 pp.

20. Henry Jiménez, *Régimen Legal de Hidrocarburos y Electricidad,* Caracas 2006, 279 pp.

21. María Gabriela Crespo Irigoyen, *La potestad Sancionadora de la Administración Tributaria, Especial referencia al ámbito local en España y Venezuela,* Caracas 2006, 320 pp.

22. Jaime Rodríguez-Arana, *Aproximación al Derecho Administrativo Constitucional,* Caracas 2007, 307 pp.

23. Jesús Antonio García R., *Glosario sobre regulación de servicios públicos y materias conexas*, Caracas 2008, 190 pp.

24. Ricardo Antela, *La Revocatoria del Mandato (Régimen jurídico del Referéndum Revocatorio en Venezuela)*, Caracas 2010, 167 pp.

25. Gonzalo Rodríguez Carpio, *El alcance de aplicación territorial del impuesto sobre sucesiones*, Caracas 2011, 106 pp.

26. Juan Domingo Alfonzo Paradisi, *El Régimen de los Estados vs. la Centralización de competencias y de Recursos Financieros*, Caracas 2011, 120 pp.

27. José Ignacio Hernández, Introducción al concepto institucional de Administración Pública, Caracas, 2011, 249 pp.

28. Alfredo Parés Salas, La responsabilidad patrimonial extracontractual, Caracas 2012, 130 pp.

29. Gonzalo Rodríguez Carpio, La denuncia del convenio CIADI efectos y soluciones jurídicas, Caracas 2014, 89 pp.

30. Jaime Vidal Perdomo, Eduardo Ortíz Ortíz, Agustín Gordillo, Allan R. Brewer-Carías, La función administrativa y las funciones del Estado, Caracas 2014, 248 pp.

31. Tomas A. Arias Castillo, La Reviviscencia de las Leyes: Una potestad discrecional de los Tribunales Constitucionales, Caracas 2015, 139 pp.

32. Luis Alberto Petit Guerra, El Estado Social. Los contenidos mínimos constitucionales de los derechos sociales, Caracas 2015, 293 pp.

33. Carlos Reverón Boulton, El Sistema de Responsabilidad Patrimonial de La Administración Pública en Venezuela, Caracas 2015, 140 pp.

34. Alejandro Gallotti, El Poder de Sustitución del Juez en la Función Administrativa, Caracas 2015, 195 pp.

35. Jaime Orlando Santofimio-Gamboa, Responsabilidad del Estado por la Actividad Judicial, 1ra Edición, 2016, 168 pp.

36. Joaquín Eduardo Dongoroz Porras, *El Concepto de Actividad Lucrativa en el Impuesto sobre Actividades Económica*, Caracas 2016, 157 pp.

© Gladys Stella Rodríguez
e-mail: gr1970ve@gmail.com
ISBN 978-980-365-373-6
Depósito Legal DC2017000396

Editorial Jurídica Venezolana
Sabana Grande, Av. Francisco Solano, Edif. Torre Oasis, Local 4, P.B.
Apartado Postal 17.598, Caracas 1015-A, Venezuela
Teléfonos: +58-762.2553/762.3842 - Fax: 763.5239
E-mail fejv@cantv.net
http://www.editorialjuridicavenezolana.com.ve

Impreso por: Lightning Source, an INGRAM Content company
para Editorial Jurídica Venezolana International Inc.
Panamá, República de Panamá.
Email: editorialjuridicainternational@gmail.com

Diagramación, composición y montaje
por: Mirna Pinto de Naranjo, en letra Book Antigua 11,
Interlineado 12, mancha 20x13
Primera edición 2017

GOBIERNO ELECTRÓNICO EN VENEZUELA. UNA MIRADA DESDE LOS OBJETIVOS DEL DESARROLLO DEL MILENIO

Gladys Stella Rodríguez

CUADERNOS DE LA CÁTEDRA
ALLAN R. BREWER-CARÍAS DE DERECHO ADMINISTRATIVO
UNIVERSIDAD CATÓLICA ANDRÉS BELLO
Nº 37

Editorial Jurídica Venezolana
Caracas, 2017

AGRADECIMIENTO

A Dios, quien me dio pequeños grandes Dones de Ser y Hacer Docencia e Investigación.

A mi Madre, quien me inculcó valores fundamentales, entre otros: la constancia y la entrega incondicional de tu ser en lo que te apasiona.

A mi Esposo, por su paciencia y, quien desde siempre ha sido un apoyo fundamental e inspiración para emprender y culminar proyectos como este.

A mi Hermana, quien me impulsa a reconocer las amenazas-debilidades y aprovechar las fortalezas-oportunidades.

A mi Casa Grande L.U.Z, quien me formó y me brinda los recursos para seguir con mi aprendizaje intelectual.

A mis amigos, quienes me acompañan y se alegran de mis logros académicos.

EPÍGRAFE

La tecnología debe situarse al servicio de la modernización de la administración, en lugar de diseñar la modernización en función de la tecnología.

Miguel Ángel Porrúa Vigón

INTRODUCCIÓN

El tema del desarrollo sostenible involucra tanto al tema de la protección del medio ambiente, como el de los factores socioeconómicos y el de los marcos de desarrollo institucional que sustentan el desarrollo y las iniciativas de la gestión del desarrollo. La exclusión social y la falta de acceso adecuado a los servicios públicos pueden socavar considerablemente el desarrollo sostenible. El Estado venezolano ha venido manejando desde el año 1999, con la promulgación de su Constitución Nacional, una política general de convertir las Tecnologías de Información y Comunicaciones (TIC) en un mecanismo de participación, construyendo la Sociedad del Conocimiento, generando la soberanía científico-tecnológica y, con ella, la inclusión y la justicia social[1].

Sin olvidar la necesaria transversalidad de las acciones en el área de TIC, donde los principales actores son: organismos del ente rector y otras oficinas gubernamentales; alcaldías y gobernaciones; organizaciones comunitarias y medios alternativos; sector académico, científico y de investigación; sector privado corporativo; sociedad en general; comunidad internacional, y agencias multilaterales. Por ello, la administración pública nacional, regional y local tiene una nueva oportunidad con las Tecnologías de Información y Comunicaciones y, precisamente una de las instituciones que han devenido de

---

[1]   Asamblea Constituyente. Constitución nacional. G.O. 36.860 de fecha 30 de diciembre de 1999. Art. 110. El Estado reconocerá el interés público de la ciencia, la tecnología, el conocimiento, la innovación y sus aplicaciones y los servicios de información necesarios por ser instrumentos fundamentales para el desarrollo económico, social y político del país así como para la seguridad y soberanía nacional....

este desarrollo tecnológico es el denominado Gobierno electrónico. Según la última encuesta mundial, basado en el Índice de Desarrollo de Gobierno Electrónico (EGDI)[2] de las Naciones Unidas[3], Venezuela se encuentra en el puesto número 67 del *ranking* mundial y, aunque ha avanzado, aún está muy por debajo de países cercanos como Colombia, el cual obtuvo el escaño 50, pero muy por encima de otras naciones cercanas como Guyana y Suriname, quienes ocuparon los puestos 124 y 115, respectivamente. Por su parte, en el Índice de Interconexión del Informe Global sobre la Tecnología de la Información 2016[4], publicado por el Foro Económico Mundial (FEM), Venezuela presentó un descenso de cinco puestos (del 103 al 108) en el referido Índice de Interconexión. Esto, la posiciona como una de las naciones con peor rendimiento en el incentivo a las tecnologías y la mejora de sus conexiones. El índice se establece en función de la eficacia

---

[2] El Índice de Desarrollo de Gobierno Electrónico (EGDI, por sus siglas en inglés) en el que se valoran una serie de aspectos en torno al gobierno electrónico en 193 países. A grandes rasgos, el EGDI es un promedio ponderado de tres valores normalizados sobre las dimensiones más importantes del gobierno electrónico: 1. el alcance y la calidad de los servicios en línea (OSI), 2. el estado de desarrollo de la infraestructura de telecomunicaciones (TII) y, 3. el capital humano inherente (HCI).

[3] Naciones Unidas (2014). *E-Government Survey 2014*. Selected messages on ICT and public service delivery General Debate, 68th Session of the United Nations General Assembly (September 2013) Nueva York: Publicaciones de las Naciones Unidas. (Disponible en línea en: http://unpan3.un.org/egovkb /Por tals/egovkb/Documents/un/2014-Survey/E-Gov_Annexes.pdf)

[4] EFE (2016) "Muchos gobiernos en la región latinoamericana necesitan urgentemente impulsar sus esfuerzos para mejorar su marco regulatorio" y aprovecharse del mundo digital, sugiere el informe. El mejor posicionado de Latinoamérica es Chile en el puesto 38 de 139 países, en el mismo lugar que el año anterior. Le siguen Uruguay, en el puesto 43 (sube tres puestos) y Costa Rica en el 44 (mejora desde el 49 de 2015).También mejoran Brasil, que se sitúa en el puesto 72 desde el 84 de 2015; Argentina, que mejora dos puestos y queda en el 89; Honduras, del 100 al 94; y Guatemala, del 107 al 103. (Disponible en línea en: http://runrun.es/tech/269430/venezuela-descendio-cinco-puestos-en-ranking-latinoamericano-de-desarrollo-en-las-telecomunicaciones.html) Consultado 10-07-2016.

del gobierno en promover las (TIC) y desarrollar los servicios on-line para la población. El informe está basado en 12 pilares, entre los que destacan las infraestructuras, si las TIC son asequibles o no y la regulación, entre otros, que conforman el llamado "ecosistema de la innovación". Otros países de la Región que empeoraron son: Panamá cae al lugar 55 desde el 51, Colombia (68) retrocede respecto al lugar 64 de un año antes, México (76) cae desde el 69 del año anterior: El Salvador cae 13 puestos, desde el 93 hasta el 80; la República Dominicana tres puestos hasta situarse en el 98.

Estas desigualdades en la región ponen de manifiesto la carencia de una política unificada en temas de desarrollo, acceso a las tecnologías y apropiación ciudadana, por lo que mirar con detalle la realidad latinoamericana nos puede ayudar a formular propuestas más globales para mejorar la relación Estado-Ciudadano valiéndose de los beneficios de las tecnologías de información y comunicación al mejorar la prestación y el suministro de los servicios públicos y al fomentar la inclusión -con la debida atención a las necesidades de las poblaciones vulnerables- puede ser un instrumento de mitigación de los efectos de la exclusión y mejorar los medios de vida de las personas. En consecuencia, la participación, la transparencia, la inclusión en la toma de decisiones en la administración pública, la generación de políticas públicas para lograr la sinergia y la interoperabilidad no sólo técnica, sino semántica y organizativa sólo es posible con la implementación eficiente del gobierno electrónico y, en este sentido, es fundamental en la promoción de un desarrollo sostenible que sea para el pueblo. En consecuencia, se hace referencia en el trabajo a algunos conceptos básicos, se exponen las principales vicisitudes de la E-Gobernanza, resaltando el fenómeno del Gobierno de ventanilla única o Gobierno integrado en el marco de las Naciones Unidas, así como el papel de las redes sociales virtuales, finalizando con el tratamiento que recibe la E-gobernanza en Latinoamérica y el Caribe, con especial referencia a Venezuela.

CAPÍTULO I:
NOCIONES FUNDAMENTALES

I.   DESARROLLO HUMANO

Un concepto fundamental en el marco de la transparencia y eficiencia de los servicios brindados por la Administración pública es el tema del desarrollo humano. Desde las Naciones Unidas se han venido desarrollando grandes esfuerzos por mejorar la calidad de vida y el desarrollo humano en general.

Para ello, se han formulado varios Acuerdos, el que nos ocupa para la presente investigación, tiene que ver con la denominada Declaración del Milenio[1], que enumeró Ocho Objetivos[2] a lograr para el año 2015 por los países integrantes de la

---

[1]   El compromiso transcendental que asumieron los líderes del mundo en el año 2000 de "no escatimar esfuerzos para liberar a nuestros semejantes, hombres, mujeres y niños de las condiciones abyectas y deshumanizadoras de la pobreza extrema", fue plasmado en un marco de trabajo inspirador de ocho objetivos, y después en pasos prácticos de amplio espectro que han permitido a personas de todo el mundo mejorar sus vidas y sus perspectivas de futuro. Véase la resolución 55/2.

[2]   Los Objetivos del Milenio (ODM) ayudaron a que más de mil millones de personas escaparan de la pobreza extrema, a combatir el hambre, a facilitar que más niñas asistieran a la escuela que nunca antes, y a proteger el planeta. Generaron nuevas e innovadoras colaboraciones, impulsaron la opinión pública y mostraron el inmenso valor de

ONU. En el presente trabajo se hará especial énfasis en el *Objetivo 8 referido a Fomentar una alianza mundial para el desarrollo* y, particularmente en lo atinente a la *Meta 8F, correspondiente a la colaboración con el sector privado, para dar acceso a los beneficios de las nuevas tecnologías, en particular los de las tecnologías de la información y de las comunicaciones.*

En la idea de hacer seguimiento por parte de las Naciones Unidas, a los logros o avances de estos objetivos dada su importancia para el Desarrollo de la Humanidad, se produce un Documento[3] en el marco del sexagésimo quinto período de sesiones de la Asamblea General de la ONU, el cual celebraba los progresos realizados desde la última reunión del año 2005, al tiempo que expresaba profunda preocupación porque aún se estaba muy lejos de colmar las necesidades planteadas en tales objetivos. En ese momento se reafirmó la determinación de colaborar para promover el adelanto económico y social de todos los pueblos. En este mismo sentido, se produce otro Documento[4], en el cual se establece aprobar la agenda para el desarrollo después de 2015, plazo perentorio para el logro de los objetivos del Milenio (en adelante OMD).

---

establecer objetivos ambiciosos. Estos objetivos son: 1. Erradicar la pobreza extrema y el hambre; 2. Lograr la enseñanza primaria universal; 3. Promover la igualdad de género y el empoderamiento de la mujer; 4. Reducir la mortalidad de los niños menores de 5 años; 5. Mejorar la salud materna; 6. Combatir el VIH/Sida, el paludismo y otras enfermedades; 7. Garantizar la sostenibilidad del medio ambiente y 8. Fomentar una alianza mundial para el desarrollo.

[3]   Naciones Unidas Asamblea General. Documento final de la Reunión Plenaria de Alto Nivel de su sexagésimo quinto período de sesiones sobre los Objetivos de Desarrollo del Milenio **Resolución aprobada por la Asamblea General el 22 de septiembre de 2010. Cumplir la promesa: unidos para lograr los Objetivos de Desarrollo del Milenio.** A/RES/65/1.

[4]   Naciones Unidas. Asamblea General. Sexagésimo Octavo período de sesiones. **Documento final del acto especial de seguimiento de la labor realizada para lograr los Objetivos de Desarrollo del Milenio. 01 de octubre de 2013.**

Por ello, resulta imperativo hacer referencia entre los conceptos básicos al denominado: Desarrollo Humano, pues es esta categoría la que ha generado tal preocupación.

El Desarrollo Humano, tiene como objetivo crear un ambiente en el que las personas puedan desplegar todas sus potencialidades según sus necesidades e intereses, es decir, un entorno donde las personas puedan tener vidas libres, largas, saludables y creativas. El concepto de desarrollo humano contempla a las personas en sí mismas como el mayor valor de una nación o de una cultura.

El crecimiento económico, también es un factor a tener en cuenta porque desemboca en el aumento de oportunidades para esas personas, pero no es el único elemento. Bien sabido es que para aumentar las oportunidades vitales es fundamental la construcción de capacidades humanas, es decir, el rango de cosas que las personas puedan hacer o ser en la vida. Las capacidades básicas para alcanzar un desarrollo humano pleno es la posibilidad de tener una vida larga y saludable, tener la posibilidad de adquirir conocimientos libremente (educación), tener acceso a recursos básicos para una vida digna (agua potable, energía eléctrica, alimentación, un sistema de salud y sanitario óptimos, entre otros) y poder participar en la vida social y política de la comunidad a la que se pertenece. Sin estas capacidades básicas, la mayoría de las oportunidades no están al alcance o simplemente son completamente desconocidas y, ello impulsa a la comunidad internacional a preocuparse en temas como la erradicación de la pobreza extrema, el porcentaje de personas que viven con nutrición insuficiente, la alfabetización de los jóvenes o el grado de enseñanza primaria a la que acceden los niños en edad escolar, el empoderamiento de la mujer, quien hoy ha venido en ascenso, temas como la disminución de la tasa de mortalidad materna, el combate de enfermedades, el acceso a fuentes de agua potable mejorada, el incremento de importaciones desde los países en desarrollo hacia los más desarrollados, el incremento en los niveles de penetración de internet así como de suscripción a la telefonía fija.

Pero a pesar de esta preocupación y de haberse alcanzado grandes éxitos, en especial en los países desarrollados, pues las personas más pobres y vulnerables siguen sufriendo el desamparo.

II. TECNOLOGÍAS DE INFORMACIÓN Y COMUNICACIÓN (TIC)

A lo largo de este trabajo, otra institución que está íntimamente relacionada con el Gobierno Electrónico y el Desarrollo humano, son las **Tecnologías de Información y Comunicaciones** (en adelante TIC). Y es que hoy en un mundo interconectado, donde se promueve el uso intensivo de la tecnología y, particularmente las TIC, surge lógicamente algunas preguntas, ¿las TIC son parte de la propuesta del Gobierno Integrado? Y, la respuesta es sí, pues sin TIC no hay posibilidad de la instauración de un gobierno electrónico, como se apreciará en las definiciones referidas más adelante. Ahora bien ¿son las TIC una de las prioridades para lograr el desarrollo humano? La respuesta evidente según Crespo (2008), es que no son una prioridad directa, pero si indirecta, salvo cuando se hace alusión a satisfacer la necesidad social del acceso al conocimiento, caso en el cual no se discute su poder definitorio. Por tanto, se debe tener claro que las TIC no pueden ser según el autor referenciado, un objetivo en sí mismo de desarrollo pero, sí uno de los instrumentos más atractivos con los que cuenta la humanidad para lograr ese desarrollo humano sostenible. Y es tan patente esta afirmación, que el Objetivo 8 del Desarrollo del Milenio, tiene entre sus metas la colaboración con el sector privado a fin de dar acceso a los beneficios propios de las TIC.

Por lo tanto, es evidente la relación entre TIC y Desarrollo Humano, y Crespo, 2008 lo representa así:

"...las innovaciones tecnológicas afectan doblemente al desarrollo. Por un lado elevan de modo directo las capacidades humanas gracias a sus aportaciones en diferentes sectores tales como la salud, la educación, etc., y, por otro, constituyen un medio para lograr el desarrollo gracias a sus repercusiones positivas en el crecimiento económico. A su vez el Desarrollo Humano es un medio crucial para potenciar el desarrollo tecnológico, debido a su vocación de aumento de capacidades. Por consiguiente, el Desarrollo Humano y los avances tecnológicos se refuerzan mutuamente, con lo que se crea un primer círculo virtuoso. Por otro lado, la relación entre progreso tecnológico y crecimiento económico constituye un segundo circulo virtuoso que potencia al primero a través de los efectos directos del crecimiento económico sobre el desarrollo de capacidades." (p. 18-19)

Las TIC resultan fundamentales para vertebrar una sociedad aislada: para generar capacidades de acceso a posibilidades económicas; para dinamizar políticamente zonas rurales aisladas, para fomentar la participación y generar sensación de pertenencia (inclusión), etc. Pueden ser igualmente, muy importantes para mejorar los servicios sociales básicos educación y sanidad. Sin embargo, la comunidad internacional está consciente que en la mayoría de los casos las TIC si bien ofrecen beneficios particulares para el mundo en desarrollo, también implica mayores riesgos[5]. Los problemas relativos a las TIC suelen ser resultado de políticas deficientes, reglamentaciones inadecuadas y falta de transparencia. Desde esa perspectiva la mayoría de los países en desarrollo están en posición de desventaja debido a que carecen de las políticas y las instituciones necesarias para hacer frente a los riesgos. Sin embargo, más adelante se podrá evidenciar los retos y oportunidades que la incorporación de las TIC implican en instituciones de antigua data, como es el caso que sirve de base a la investigación, la denominada administración pública, gobernanza o gobierno, y su incidencia en el Desarrollo humano.

---

[5] Entre los riesgos se tienen la amenaza a la seguridad, la privacidad, la comisión de delitos o fraudes en la red, la exclusión o mayor brecha digital.

III. GOBIERNO ELECTRÓNICO, E-GOBERNANZA O GOBIERNO ABIERTO O INTEGRADO

Una tercera categoría conceptual a considerar sin duda en la temática que se expone es la del *Gobierno Electrónico, E-Gobernanza* o Gobierno Abierto o en línea. Algunos autores consideran que se trata de una herramienta novedosa para garantizar la viabilidad de cualquier proceso serio de reforma. Sin embargo, la noción de Gobierno electrónico comporta la revisión de un conjunto de definiciones y de hechos históricos indispensables para la comprensión del mismo. No puede olvidarse que el gobierno como elemento existencial del Estado es dinámico y está influenciado por los acontecimientos surgidos en el devenir de los tiempos y de las circunstancias; y una importante revolución es la que han producido el desarrollo de las TIC, especialmente la Internet. Partiendo de lo anterior, se tienen algunas definiciones por parte de los siguientes autores y organismos especializados:

Alborrnoz y Rivero (2007), consideran que el gobierno electrónico o, en inglés: *electronicgovernment, e-government o simplemente, e-gov,* representa una herramienta novedosa y un gran desafío para reestructurar las TIC, para que tengan utilidad estratégica, y al mismo tiempo puedan modificarse a sí mismas y utilizar las posibilidades que éstas ofrecen, incorporando procesos que van más allá del rediseño gubernamental. De acuerdo a estas consideraciones, se pueden revisar otras definiciones de e-gobernanza:

Para Partha (2005) El gobierno electrónico es una "forma de comercio electrónico en la gobernanza referido a la prestación de servicios gubernamentales a los ciudadanos (G2C), a los negocios (G2B), a los empleados (G2E) y a otros gobiernos (G2G) con el empleo de las TIC". (p. 2).

Para *GartnerGroup*, "E-gov...es una innovación continua de los servicios, la participación de los ciudadanos y la forma de gobernar mediante la transformación de las relaciones externas e internas a través de la tecnología, el Internet y los nuevos medios de comunicación". (Abraham, 2001)

Castoldi (2002:112) considera que el concepto "incluye todas aquellas actividades basadas en las modernas tecnologías informáticas, en particular Internet, que el Estado desarrolla para aumentar la eficacia de la gestión pública, mejorar los servicios ofrecidos a los ciudadanos y proveer a las acciones del gobierno de un marco mucho más transparente que el actual".

Hay quienes lo conciben como un esquema de gestión pública basado en la utilización de las TIC, teniendo como objetivos mediatos optimizar la gestión pública y desarrollar un enfoque de gobierno centrado en el ciudadano (Ocampo, 2003:2).

A los efectos de la Carta Iberoamericana (2007:7)[6]

"se entienden las expresiones de "Gobierno Electrónico" y de "Administración Electrónica" como sinónimas, ambas consideradas como el uso de las TIC en los órganos de la Administración para mejorar la información y los servicios ofrecidos a los ciudadanos, orientar la eficacia y eficiencia de la gestión pública e incrementar sustantivamente la transparencia del sector público y la participación de los ciudadanos.

Todo ello, sin perjuicio de las denominaciones establecidas en las legislaciones nacionales".

Rodríguez (2004:6), señala:

"el gobierno electrónico implica la reestructuración de los servicios públicos, una fuerte inversión (humana, presupuestaria y en equipos tecnológicos de información y comunicación) de los organismos administrativos a todos los niveles, así como un cambio cultural, lo cual es un factor clave para el éxito de la instauración de un gobierno electrónico...Sería necesario que se permita una autentica exposición de criterios, soluciones y

---

6   Centro Latinoamericano de Administración para el Desarrollo (CLAD) Carta Iberoamericana de Gobierno Electrónico. Aprobada por la IX Conferencia Iberoamericana de Ministros de Administración Pública y Reforma del Estado. Pucón Chile del 31 de mayo al 1º de Junio de 2007. Resolución N° 18 de la "Declaración de Santiago".

deliberaciones en torno a la realidad social , económica, jurídica y política de un país para que pueda iniciarse una relación gobierno/administrado transparente y eficiente".

En el caso de Venezuela, existe la ley de infogobierno[7] que establece las normas, principios y lineamientos aplicados a la Tecnología de la Información, con el fin de mejorar la gestión pública y hacerla transparente, facilitar el acceso de los ciudadanos a la información en sus roles de contralor y usuario, además de promover el desarrollo nacional que garantice la soberanía tecnológica, lo cual coincide con las definiciones antes referidas.

Según el *Benchmarking E-government: A Global Perspective* de la ONU (2002), el gobierno electrónico se caracteriza por las relaciones entre las organizaciones y por la prestación de servicios en línea o a través de otros medios electrónicos a los ciudadanos. Desarrolla programas centrados en los ciudadanos, promueve y amplía la participación ciudadana, perfecciona la prestación de servicios en línea mediante el análisis y la evaluación, mide la eficiencia, compara con respecto a otras formas de prestación de servicios e indexa el análisis por país, por portal y por sitio Web.

Roldán y Huidobro (2005), señalan que según un estudio de *GartnerGroup* publicado en el año 2006, el 20% de las transacciones G2C (Goverment to Citizen), serían gestionadas por portales de *E-Gov*, por lo que toma real importancia dar al ciudadano una visión clara y concisa de todas las acciones que debe llevar a cabo para realizar un trámite administrativo, sin necesidad de desplazarse físicamente a una dependencia pública.

El mismo estudio de *GartnerGroup* apunta también los retos a los que debe enfrentarse este tipo de soluciones tecnológicas, sobre todo porque a la hora de implantarla no se debe perder de vista que uno de sus objetivos es la universalidad

---

[7]   Esta Ley fue publicada en *Gaceta Oficial de la República Bolivariana de Venezuela* N° 40.274, de fecha 17 de octubre de 2013, y entró en vigencia 10 meses después, el 17 de agosto de 2014.

del servicio ó lo que es lo mismo, que el tele-acceso a la administración cubra al mayor número de ciudadanos posible y reducir así la llamada "brecha digital".

En el documento del *Proyecto del Milenio de las Naciones Unidas*[8] se resalta que para lograr los (OMD) es necesaria una buena gobernanza, una "gobernanza eficiente", la cual se logra 1. Promoviendo el imperio de la ley (regímenes administrativos y jurídicos con personal adecuado y recursos apropiados); 2. Promoviendo derechos políticos y sociales; 3. Promoviendo una administración pública, eficaz y responsable (existencia de regímenes de responsabilidad política, burocrática, de la transparencia y de la participación); 4. Promoviendo políticas económicas sólidas (gestión macroeconómica, inversiones adecuadas en infraestructura y prestación de servicios públicos libres de corrupción); 5. Apoyando la sociedad civil (proporcionando a la sociedad civil la libertad de expresar sus opiniones, una voz normativa que participe en la planificación y examen de las estrategias para los objeticos de desarrollo del milenio y un espacio institucional que apoye la inversión pública).

El término "buena gobernanza" ha sido utilizado por el Banco Mundial para promover la reforma de los estados introduciendo una mayor transparencia, reduciendo la corrupción y aumentando la eficiencia de la administración. En este contexto, el término "gobernanza" está directamente relacionado con las funciones principales del Estado. Por cuanto si se le agrega a esta categoría el elemento tecnológico, se está en presencia de lo que hoy se denomina E-Gobernanza. Backus (2001) considera que el Gobierno Electrónico es una de las dos dimensiones de la gobernanza electrónica, siendo la democracia electrónica la otra dimensión. La gobernanza electrónica se construye desde una dimensión paradigmática como la democracia electrónica (relación entre el gobierno y los ciudadanos) y una operativa como el Gobierno Electróni-

---

[8] Invirtiendo en el desarrollo. Un plan práctico para conseguir los Objetivos de Desarrollo del Milenio. Panorama. Proyecto del Milenio de las Naciones Unidas. Director Jeffrey D. Sachs, Nueva York 2005.

co. La definición que se adoptará a lo largo de este trabajo es la de sentido amplio asimilando por igual e-Gobernanza y e-Gobierno.

1. *Características del Gobierno Electrónico o E-Gobernanza*

Ahora bien, qué ofrece la e-Gobernanza como ventajas o beneficios, Roldán y Huidobro (2005) las refieren así: **Ahorro, Calidad, Rapidez, Eficiencia, Control bidireccional,** es decir, ya no es únicamente la Administración la que puede comprobar el estado del trámite de cada ciudadano, sino que son los propios usuarios los que tienen la capacidad de realizar un seguimiento en sus procesos pendientes y, finalmente **Flexibilidad**. Los autores referidos, también aluden a que la administración debe realizar un gran esfuerzo tecnológico y organizativo para que el proceso de introducción de las tecnologías en la administración pública sea lo menos brusco posible, para que de esta forma, la transición hasta una solución de *E-goverment* completa sea ideal y pueda cumplir con los siguientes 3 requisitos:

Mayor valor en términos de eficiencia operacional: la eficiencia redunda en una disminución de los costos asociados a dicha solución, ya sea directamente (al ser mayor el grado de aprovechamiento, el costo del conjunto es menor) ó indirectamente (reducción de los costos de explotación y manejo).

Mejor nivel de servicio: cuanto mayor sea la calidad de los servicios que ofrezca, mayor será su aceptación entre los ciudadanos.

Mayor nivel de consenso en términos políticos: cuanto mayor y más plural sea el respaldo político en que se apoye, mayores serán sus posibilidades de éxito.

Otros autores hacen referencia a la Gobernanza haciendo hincapié en sus atributos, es el caso de Dinsdale, Chhabra y otros (2002), por un lado poner las prácticas actuales *on-line* y por el otro utilizar la tecnología para innovar lo que se provee. Cuando se habla de poner la prácticas actuales *on-line*, se refiere a la automatización, lo que no afecta expresamente a lo que se hace y cómo se hace en el seno del gobierno, en tanto que "si los ciudadanos tenían que ir a diversas dependencias gubernamentales para recibir un servicio, la automatización les seguiría obligando a visitar el mismo número de *websites*".

Por otro lado, se remite a las nuevas prácticas y servicios *on-line* (innovación), que conlleva a mejorar toda la gama de posibilidades de lo que el servicio hace y no hace, pero en este caso, "en lugar de tener que acudir a las *websites* de diversas organizaciones para obtener el servicio, éste se podría obtener a través de un único portal", (p. 63).

Estas medidas deben representar importantes preocupaciones de parte de los líderes o jefes de Estado, que deberán ser enfrentadas si los gobiernos quieren avanzar satisfactoriamente en los estadios de implantación del gobierno electrónico.

Una muestra de ello, es la realización del Foro Iberoamericano sobre Estrategias para la Implantación de la Carta Iberoamericana de Gobierno Electrónico, publicada por el CLAD (2009), en el que diferentes autoridades gubernamentales responsables de las políticas y planes de implantación del Gobierno Electrónico en Iberoamérica, mediante exposiciones de expertos y el debate abierto de experiencias nacionales, propusieron y debatieron algunas estrategias que permitirán el logro de las orientaciones plasmadas en la Carta y, como consecuencia, el desarrollo y consolidación de un Gobierno Electrónico al servicio de los ciudadanos.

En este apartado, surgieron dos bloques relativos a: 1) los nuevos derechos ciudadanos surgidos con el desarrollo del Gobierno Electrónico (GE) y la Sociedad del Conocimiento (SC); y 2) los nuevos objetivos y funciones de los gobiernos en correspondencia.

Con todo ello, lo que se prevé es consolidar, una Agenda Digital Iberoamericana que incluye acciones concretas en interoperabilidad[9], en la interfaz entre los sistemas informáticos y los servicios públicos electrónicos, en la promoción de software libre para el gobierno electrónico y en el desarrollo de algunas bases de datos en servicios públicos comunes a los Estados de Iberoamérica. (CLAD, 2009).

En procura de ello, como parte de las condiciones para mitigar los problemas sociales y económicos, crecen las experiencias de profundización de las prácticas democráticas e inclusión social, a través del uso de las TIC en un ambiente cada vez más complejo y dinámico; tal es así, que Frey (2005), asume que el acceso más rápido y eficiente al conocimiento clave para la gerencia de las ciudades y para el cultivo de nuevas prácticas de colaboración, son algunos de los estímulos para el uso de las TIC en la construcción de una alternativa más democrática y participativa de gobernanza urbana.

Ante todo ello, resulta interesante sumergirse en el campo de la gobernanza electrónica y de su importancia para contribuir con el desarrollo sustentable de las naciones, especialmente las latinoamericanas.

2. Principios del Gobierno Electrónico

Según la Carta Iberoamericana de Gobierno Electrónico (2007) El Gobierno Electrónico se inspira en los principios siguientes:

---

[9] Interoperabilidad. Capacidad de los Órganos y entes del Estado de intercambiar por medios electrónicos datos, información y documentos de acceso público. **Centro Nacional de Tecnologías de Información (CNTI)**. Ministerio del Poder Popular para Ciencia, Tecnología e Innovación del Gobierno Bolivariano de Venezuela.

Otra definición de interoperabilidad (entendida, al menos, como la propiedad mediante la cual sistemas heterogéneos pueden intercambiar información y procesos técnicos o datos) no es algo nuevo por completo, sino que ha estado presente, de una u otra manera, en los diferentes esfuerzos realizados por establecer un marco mínimo de cooperación en materia tecnológica entre las administraciones públicas, incluyendo las de diferentes Estados, desde varias décadas atrás (Criado, J. 2009)

a. Principio de igualdad: con objeto de que en ningún caso el uso de medios electrónicos pueda implicar la existencia de restricciones o discriminaciones para los ciudadanos que se relacionen con las Administraciones Públicas por medios no electrónicos, tanto respecto al acceso a la prestación de servicios públicos como respecto a cualquier actuación o procedimiento administrativo sin perjuicio de las medidas dirigidas a incentivar la utilización de los medios electrónicos.

b. Principio de legalidad: de forma que las garantías previstas en los modos tradicionales de relación del ciudadano con el Gobierno y la Administración se mantengan idénticas en los medios electrónicos. Los trámites procedimentales, sin perjuicio de su simplificación general, constituyen para todos los ciudadanos garantías imprescindibles. El principio de legalidad también comprende el respeto a la privacidad, por lo que el uso de comunicaciones electrónicas comporta la sujeción de todas las Administraciones Públicas a la observancia de las normas en materia de protección de datos personales.

c. Principio de conservación: en virtud del cual se garantiza que las comunicaciones y documentos electrónicos se conservan en las mismas condiciones que por los medios tradicionales.

d. Principio de transparencia y accesibilidad: garantiza que la información de las Administraciones Públicas y el conocimiento de los servicios por medios electrónicos se haga en un lenguaje comprensible según el perfil del destinatario.

e. Principio de proporcionalidad: de modo que los requerimientos de seguridad sean adecuados a la naturaleza de la relación que se establezca con la Administración.

f. Principio de responsabilidad: de forma que la Administración y el Gobierno respondan por sus actos realizados por medios electrónicos de la misma manera que de los realizados por medios tradicionales. De acuerdo con dicho principio, las informaciones oficiales que se faciliten por medios electrónicos no pueden beneficiarse de una cláusula general de irresponsabilidad, ni incorporar una cláusula especial de esta naturaleza.

En caso contrario, se dejará constancia con caracteres muy visibles y reiterados de que se trata de una página o portal electrónico no oficial y que no forma parte del sistema de Gobierno Electrónico.

g. Principio de adecuación tecnológica: las administraciones elegirán las tecnologías más adecuadas para satisfacer sus necesidades. Se recomienda el uso de estándares abiertos y de software libre en razón de la seguridad, sostenibilidad a largo plazo y para prevenir que el conocimiento público no sea privatizado. En ningún caso este principio supondrá limitación alguna al derecho de los ciudadanos a emplear la tecnología de su elección en el acceso a las Administraciones Públicas. Dentro de este principio se comprende el del uso de distintos medios electrónicos como son: el computador, la televisión digital terrestre, los mensajes SMS en teléfonos celulares, entre otros, sin perjuicio de la eventual imposición del empleo en determinados casos de aquellos medios concretos que se adecuen a la naturaleza del trámite o comunicación de que se trate.

3. *Estructuras y Fases del Gobierno en línea*

Por su misma naturaleza, la *Gobernabilidad Electrónica o E-Gobernanza*, se enfoca y se estructura conforme a patrones crecientemente identificables con los conceptos de red. Se estructura cada vez más como una red de actuación guiada por el diálogo multidireccional. Este es, esencialmente, un modelo de cambio de paradigma hacia el interior de la administración pública. En este nuevo modelo de gobierno, se van abandonando los tradicionales esquemas de oficinas fuertemente jerarquizadas, piramidales y verticales, dando origen a organizaciones basadas en las necesidades de los ciudadanos, con nuevos equipos de trabajo que operan en forma integral, horizontal y en línea.

Como consecuencia de esta tendencia que sigue de la naturaleza misma del medio que utiliza, es lógico que se debiliten las relaciones organizativas de carácter jerárquico.

Esto es lo que se observa en la reflexión que realiza López (1999) sobre la conformación, o como él le llama, la topología, de las redes de actuación pública, marcada por la multilateralidad de comunicación.

Para López (1999), en la arquitectura de redes de ordenadores se distinguen tres tipos fundamentales de topologías o conformaciones:

❖ *En estrella*

En esta topología, existe un nodo central que regula la actuación de la red, y es el interlocutor único de todos los restantes nodos que la conforman. En las redes en estrella, el nodo central resulta crítico para el funcionamiento de la red, de forma que es el que da sentido y ordena la misma.

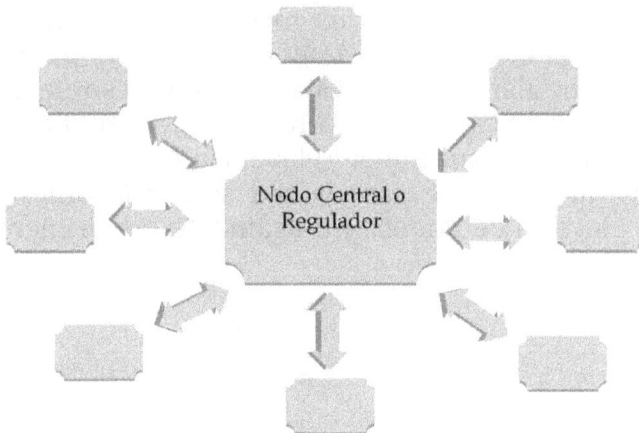

Fuente: López, 1999. Elaboración propia

❖ *En anillo*

En esta topología, todos los nodos ejercen funciones de regulación. Cada nodo se comunica con los dos adyacentes, y en su versión pura, sólo con éstos. De este modo, todos los nodos se hacen críticos para el funcionamiento de la red.

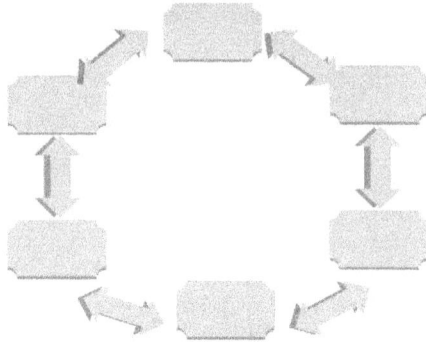

Fuente: López, 1999. Elaboración propia

❖ *En forma de autobús*

En esta topología, existe un medio común donde circulan libremente los mensajes. Cada nodo identifica, de toda la información circulante, la que está dirigida o es relevante para él, y sólo decodifica dicha información. La retirada de un nodo de esta arquitectura tiene relevancia sólo en tanto que los mensajes que produce para la red sean relevantes para un número elevado de nodos, y únicamente (en primera instancia) para éstos.

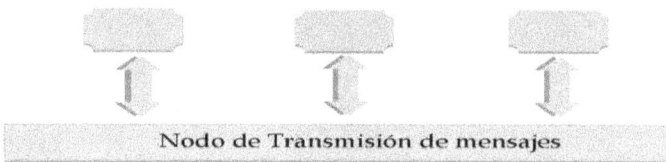

Nodo de Transmisión de mensajes

Fuente: López, 1999. Elaboración propia

Se observa que los procesos de descentralización, internacionalización e integración en redes globales, amenazan las topologías en estrella y anillo, aproximándose a una configuración multidireccional, por tanto, más próxima a la topología en bus.

Backus (2001), presenta reflexiones en torno a los retos políticos, sociales, económicos y tecnológicos que enfrentan las diferentes iniciativas de Gobierno Electrónico (*e-gob.* en adelante). Los riesgos se presentan en cuanto a la estabilidad política, el nivel de confianza pública, las amenazas a la identidad del gobierno, la estructura económica, la estructura del gobierno, y la demanda para las iniciativas electrónicas. El autor recomienda que la implementación de la *e-gobernanza* debe estar basada en un programa de pasos pequeños y precisos, pero bajo una visión a largo plazo.

Es de aclarar, que la clasificación que a continuación se presenta, tiene que ver con las etapas o fases de la e-gobernabilidad, aunque responde a una idea de escalones, no quiere decir que algunas experiencias de e-gobernabilidad no se ubiquen en más de un escalón a la vez.

En este caso, la definición por escalones se presenta de la siguiente manera:

A. *Nivel Informativo*

Es la primera fase de gobernabilidad electrónica, y significa estar presente en la *Web*, proporcionando al público externo (Gobierno-Ciudadano G-C y Gobierno-Empresa G-E) información relevante. El formato del primer sitio *Web* de gobierno es similar a los de un folleto u hoja impresa.

En esta de presentación de información, las diferentes agencias gubernamentales ofrecen información sobre sí mismas a través de la red. Esto coincide con el primer nivel de participación en la escala.

B. *Nivel de Interactividad*

En una segunda etapa la comunicación se torna bidireccional, permitiendo al usuario remitir información personal vía electrónica. La idea es que en los tres tipos de interacción esenciales a la gobernabilidad (Gobierno-Ciudadano=G-C y Gobierno-Sector Privado o empresa=G-E), el gobierno podrá hacer más con menos y, al mismo tiempo, fortalecerá la co-

municación directa con los ciudadanos, eliminando la inter-
mediación que normalmente efectúan las burocráticas oficinas gubernamentales. Para el caso del e-gobierno, el término
"interactividad" representa el rescate de los productos y servicios del gobierno, intercambio de información, comunicación.

C. Nivel de Transacción

Con la tercera fase la complejidad de la tecnología se in-
crementa, pero la valoración del cliente (ciudadanía y sector
privado) también aumenta. La completación de transacciones
puede ser hecha sin tener que acudir a una oficina. En esta
fase, los procesos internos han de ser rediseñados para proveer un buen servicio. Sin embargo, es necesario acotar que la
completación del trámite debe ofrecerse simultáneamente a
través de la red y a través del sistema tradicional, al menos
hasta que se garantice que todos los ciudadanos y ciudadanas
tienen acceso a las TIC, sin discriminación, de lo contrario
atentaríamos contra los beneficios o ventajas de esta herramienta tecnológica, que en lugar de incluir a todos y todas
contribuya a la exclusión social.

El gobierno necesita crear nuevas leyes que validen la
transacción de papeles con certificación legal. Lo más nove-
dosos en materia de administración pública es la posibilidad
de completar los procesos en línea, incluyendo pagos, firma
digital, etc. Esto ahorra tiempo, papel y dinero.

En la tercera etapa se permite un intercambio más efectivo entre el gobierno y los administrados, permitiendo por
ejemplo, el pago de una tasa administrativa o la obtención de
un certificado vía electrónica.

D. Nivel de Transformación

La cuarta fase es la fase de transformación, en la cual todo
el sistema de información está integrado y el público (Ciudadanía y Sector privado) puede tomar los servicios en una oficina de atención virtual.

La meta es que el portal de *e-gobernanza* sea el único punto de contacto para todos los servicios, sin olvidar la garantía de acceso a todos los administrados.

El aspecto complejo de alcanzar esta meta está del lado interno, por ejemplo la necesidad drástica del cambio de cultura, procesos y responsabilidades dentro de la institución gubernamental (Gobierno-Gobierno=G-G). Los empleados gubernamentales en sus diferentes departamentos deben trabajar juntos de una forma uniforme y sin divisiones. En esta fase el ahorro de costos, la eficiencia y satisfacción del cliente alcanzan los niveles más altos posibles.

En esta etapa todos los servicios gubernamentales son integrados en un solo portal el cual reúne condiciones de actualidad, funcionalidad y facilita información en forma completa sobre el gobierno.

Hasta ahora se ha descrito las etapas o niveles por los cuales va conformándose el *e-gobernanza* no obstante, no basta con que el órgano público se limite a prestar un buen servicio, capaz de permitir al ciudadano satisfacer su necesidad, debe buscarse más allá de este fin que se agota en el servicio electrónico, importante, necesario, pero no suficiente para que se hable o se conforme un gobierno en línea.

La idea de *e-gobernanza*, necesariamente pasa por brindar al ciudadano mecanismos de participación más que de representación, la opción de una mayor amplitud de incidir en las distintas políticas de gobierno por parte de quienes son los destinatarios de tales políticas, por su puesto sin desvirtuar el papel del Estado- Gobierno. Un ejemplo, entre otros, es la aplicación "Caracas Cambia"[10] ofrece a los habitantes del

---

[10] "Esta herramienta es de muy fácil uso. La persona debe indicar la categoría, describir el problema, tomar una fotografía y señalar el lugar donde se ubica", dijo el concejal. Además, la aplicación le permite al ciudadano aportar sus ideas para la resolución de cada situación. Caracas Cambia permitirá compartir posibles soluciones creativas para cada problema, de esta forma los ciudadanos se convierten en generadores de cambios positivos, para elevar la calidad de vida en la ciudad. Disponible en: (http://www.elnacional. com/tecnologia

municipio Libertador de la Gran Caracas en la República Bolivariana de Venezuela, la oportunidad de exigir a las autoridades que asuman su responsabilidad en la resolución de sus problemas.

Se trata de una herramienta gratuita, que podrá ser descargada en diferentes dispositivos móviles, entre ellos celulares o *tablets* que cuenten con el sistema operativo *Android*. "La aplicación permite denunciar en tiempo real los problemas que existen en la comunidad como iluminación, inseguridad, viabilidad, malos servicios, transporte, salud, entre otros", explicó el concejal Jesús Armas.

Es cierto que esta propuesta teórica le asigna al ciudadano una participación mucho mayor frente a la esfera política; sin embargo, no se desconoce la función del Estado en tanto capaz de localizar la participación y dar continuidad a ésta mediante la representación, como tampoco es obvia la capacidad estatal de descargar responsabilidades de decisión para los que se ocupan de los asuntos públicos; sino más bien se trata de pensar la política sin reducirla al sistema político (Arditi, 1995:69/70).

Y si se considera a Internet como un espacio público a construir, claramente la idea de participación en línea no sólo puede operar como un eficaz instrumento eleccionario sino también como la intersección de significados sociales que dan cuenta de la construcción de identidades desterritorializadas o nomádicas.

Pero instalar la tecnología en un cuerpo político disfuncional no resolverá el problema, al contrario lo agravará, aunque si se conciben adecuadamente las redes, pueden ser cruciales para mejorar la tarea del gobierno. Los programas gubernamentales se pueden distribuir electrónicamente a través de la red y así mejorar la calidad y reducir los costos. Se puede facilitar el acceso a la información oficial y crear así

/Desarrollan-aplicacion-denunciar-comunidad Caracas_0_88 0112015. html). Consultado el 10-07-2016.

un gobierno más abierto y transparente. Los departamentos virtuales pueden combinar el trabajo de muchos organismo para ofrecer una ventanilla única a los ciudadanos, es decir, no sólo hacer la declaración de renta, consultar el domicilio de las casillas electorales y verificar el saldo de la cuenta bancaria, sino también realizar trámites relativos al registro civil, formular quejas en organismos públicos de defensa del consumidor, entre otros. En resumen, a través de las redes, se puede reducir la burocracia y hacer transparente la función de la Administración Pública. (Rodríguez, 2007)

La red se está convirtiendo en la infraestructura de la economía del conocimiento, en donde el aprendizaje forma parte de la actividad económica cotidiana y de la vida, y tanto las empresas como los individuos han descubierto que tienen que asumir la responsabilidad de aprender, simplemente si quieren funcionar. La red se ha convertido en un ordenador más poderoso que cualquier máquina, y la inteligencia humana en red aplicada a la investigación contribuye a la creación de un orden superior de pensamiento, de conocimiento –y quizás, incluso, de conciencia "internizada"– entre las personas. (Palacios, 2001)

Esto nos lleva a una nueva era de promesas, la Era de la Inteligencia Interconectada (Tapscott, 1998), no sólo la interconexión de las tecnologías sino la interconexión de los seres humanos a través de la tecnología. No es una era de máquinas inteligentes, sino de seres humanos que, a través de las redes, pueden combinar su inteligencia, su conocimiento y su creatividad para avanzar a la creación de riqueza y de desarrollo social.

Quizás se está en presencia de un nuevo orden público, donde la oportunidad de acceso, dinamismo, interacción y rapidez que le imprimen las TIC exige un ciudadano que responda y actúe en red. Lo cual involucra cambios conductuales y de paradigma significativos, no sólo para el ciudadano administrado, sino para la propia Administración y el funcionario público.

CAPÍTULO II:
IMPACTO DE LA INFORMÁTICA
JURÍDICA DE GESTIÓN EN LA
ADMINISTRACIÓN PÚBLICA

I.   IMPLICACIONES DE LA INFORMÁTICA EN LA AD-
      MINISTRACIÓN PÚBLICA

Diversas cuestiones específicas ha significado la incursión de la informática en el ámbito de los actos administrativos, la organización y el control de los mismos, así lo sostiene Correa, 1994 y, se expone a continuación:

1.   *Motivación a los actos administrativos*

La simplificación que acarrea el uso de las TIC se extiende también a la presentación de los resultados del procesamiento que realiza. El riesgo emergente es el empobrecimiento en la motivación de las decisiones de la administración. Herbert, 1983, plantea, la hipótesis del trazado de una ruta definida por computadora que implique ciertas expropiaciones. Los expropiados, añade el autor, tienen derecho de conocer el programa de computación, pues sería grave que el ciudadano sólo reciba el resultado final sin tener los medios para controlar cómo y a partir de qué datos han sido obtenidos. Aquí se pone en evidencia algunas de las ventajas del uso de las TIC en la Administración Pública, como lo es el control social y la transparencia de los procesos, pues no sólo se simplifica, siendo esta otra ventaja, sino se logra monitorear y tener control sobre los actos de la administración. En Venezuela se publicó en *Gaceta Oficial* N° 40.549 el Decreto N° 1423 de fecha 26 de noviembre de 2014, referido a la Ley Orgánica de Simplificación de Trámites Administrativos, éste ratifica y amplia importantes avances pues sus artículos buscan establecer los principios y bases conforme a los cuales los órganos de la Administración Pública realizarán la simplificación de los trámites administrativos, donde se destacan, los artículos: 4, 16, 17, 40, 41, 45 y 46 *ejusdem*. La disposición legal administrativa en el afán de optimizar la racionalización de las tramitaciones que realizan las personas ante la Administración Pública, establece el carácter obligatorio de la implementación de oficinas o ventanillas únicas, para lo cual se dispone de un capítulo, el Capítulo IV "Ventanilla Única" que desarrolla su concepto, finalidad, clases y funciones. La implementación de dichas ventanillas únicas pretende corresponder con la propia filosofía y naturaleza del proceso político que hoy día se vive en Venezuela, por cuanto las mismas buscan la materialización efectiva de un verdadero acercamiento entre la Administración Pública y los ciudadanos buscando mejorar y fortalecer su funcionamiento dentro del contexto del proceso de transformación, no corresponde en este caso evaluar si esta interacción gobierno–ciudadano en realidad se efectúa.

2. *Organización Administrativa*

Las TIC y particularmente la informática ofrecen una importante herramienta para superar el modelo administrativo basado en concepciones del siglo XIX en torno de la acción unilateral y centralizadora de la administración. Se busca vincular al ciudadano con la Administración, que éste no perciba a la Administración como algo ajeno. Se trata de lograr que el administrado desarrolle una identificación no sólo con la administración pública sino que la propia administración y, por ende, el funcionario público, desarrolle una labor de verdadero servicio y atención hacia el ciudadano.

3. Publicidad y Prueba de los Actos Administrativos

Los distintos actos administrativos podrán estar al alcance del administrado, podrán ser leídos sobre una pantalla, o emitirse sin firma autógrafa, sino a través de firmas certificadas digitalmente. Ello obligará a revisar las normas sobre publicidad, notificación y valor probatorio de tales actos, así como a regular los problemas de responsabilidad emergente. En el caso de Venezuela, se han dictado normas que hacen posible atribuir valor jurídico a los mensajes de datos y reconocer valor probatorio a los mismos, a través de normas como el Decreto Ley sobre Mensajes de Datos y Firma Electrónica del año 2001[1], aun cuando hasta el presente materialmente sólo sea tal efecto atribuible a los documentos privados. Asimismo, la jurisprudencia ha reconocido a través del más alto Tribunal, como lo es el Tribunal Supremo de Justicia, la posibilidad de notificación y citación por medios electrónicos, Sentencia con Ponencia del Dr. Jesús E. Cabrera, de fecha 01 de febrero de 2000. En este escenario judicial vale señalar que se ha dictado la Resolución N° 2016-0021[2] de fecha 14 de diciembre de 2016, la cual ha sido aprobada en Sala Plena del Tribunal Supremo de Justicia en *Gaceta Oficial* Ordinaria N° 41117 de fecha 20 de marzo de 2017, la cual tiene por objeto establecer los procesos y herramientas necesarias para la adecuación administrativa y tecnológica, que permitan gestionar

---

[1] **Decreto con fuerza de ley N° 1.204 de fecha 10 de febrero de 2001, Artículo 1**. El presente Decreto-Ley tiene por objeto otorgar y reconocer eficacia y valor jurídico a la Firma Electrónica, al Mensaje de Datos y a toda información inteligible en formato electrónico, independientemente de su soporte material, atribuible a personas naturales o jurídicas, públicas o privadas, así como regular todo lo relativo a los Proveedores de Servicios de Certificación y los Certificados Electrónicos.....El presente Decreto-Ley será aplicable a los Mensajes de Datos y Firmas Electrónicas independientemente de sus características tecnológicas o de los desarrollos tecnológicos que se produzcan en un futuro.

[2] Resolución que acuerda las "Normas de Adecuación Administrativa y Tecnológicas que Regularán los Copiadores de Sentencia, y los Libros de Registros que lleven los Tribunales de los Circuitos en las sedes judiciales y de las Copias Certificadas que estos expidan".

los copiadores de sentencia, los libros de registros y copias certificadas de las actuaciones judiciales que consten en el expediente, que lleven y expidan en forma digital, respectivamente todos los Tribunales de la República Bolivariana de Venezuela. Por su parte, en Venezuela, se prepara el escenario para el otorgamiento de certificados electrónicos, que según Lovera (2008, 6) director de Proveedores de Servicios de Certificación (Procert en adelante), explicó: "...es una especie de cédula de identidad y, a la vez, un mecanismo que implanta un blindaje de seguridad en las transacciones por Internet ... Establece unos principios que están en la ley de Mensajes de Datos y Firmas Electrónicas: autenticación, no repudio, confiabilidad e integridad del mensaje". Con lo cual se le atribuiría validez jurídica y probatoria al documento no sólo privado si no público a través de un sistema de valoración tasada y legal.

4. *Control integrado*

Paralelamente a un acrecentamiento de la autonomía de gestión, la informática permite mejorar el control a posteriori de los actos administrativos, y con ello suprimir o reducir los pesados y, muchas veces, paralizantes controles a priori. La automatización de controles facilita la integración de los aspectos de oportunidad y eficacia a los de mera legalidad.

5. *Atribución de Responsabilidad*

El crecimiento de las TIC supone también encontrar fórmulas de atribución de responsabilidad para el caso de errores, revelación no autorizada de datos o pérdidas, etc., vinculados a las operaciones de un sistema informático en la administración pública. La responsabilidad objetiva o la presunción de falta por parte de aquélla (con la consiguiente inversión de la prueba) ofrecerían al administrado, posibilidades más reales de obtener reparación que la aplicación de los principios comunes. La admisión de recursos que incluyen el conocimiento de los programas –fuente también debería ser considerada. De allí en el caso de Venezuela hubo el Decreto

Ley N° 3.390[3], sobre la incorporación y migración hacia el Software Libre en la Administración Pública y lo complementa la referida ley de infogobierno.

En consecuencia, estos ejes de impacto, son sólo una mínima muestra de lo que las TIC han venido a significar en la sociedad y, en particular en la Administración Pública. Hoy día uno de los baremos utilizados para medir nuestro desarrollo, ya sea individual o colectivo, es la capacidad para estar conectados. El darles un uso permanente y equitativo de las TIC, puede evidenciar que tan profundo o superficial es nuestro desarrollo, consideradas herramientas imprescindibles para construir procesos de crecimiento comparables y ecuánimes. El incremento de las TIC ocupa el valor central que antes le correspondía al desarrollo industrial. Manuel Castells ha dejado patente que el cambio que estas han producido ha afectado de forma directa a los procesos de desarrollo. (Bustos, M. en www.e-global.es. Consultado 01-08-08).

II. SEMEJANZAS Y DIFERENCIAS ENTRE GOBIERNO TRADICIONAL Y GOBIERNO ELECTRÓNICO

La implementación de las modernas tecnologías informáticas, en particular Internet, que el Estado pueda desarrollar para mejorar la prestación del servicio público hasta alcanzar la participación ciudadana en la toma de decisiones, involucra un esfuerzo conjunto entre técnicos y administradores para que no se repitan las deficiencias del gobierno tradicional

---

[3] Este Decreto fue derogado, pero vale como su aporte para el momento de su vigencia, la cual fue hasta la entrada en vigor de la ley de infogobierno. Señalaba que la Administración Pública Nacional emplearía prioritariamente Software Libre desarrollado con Estándares Abiertos, en sus sistemas, proyectos y servicios informáticos. A tales fines, todos los órganos y entes de la Administración Pública Nacional iniciaron los procesos de migración gradual y progresiva de éstos hacia el Software Libre desarrollado con Estándares Abiertos (Art. 1). *Gaceta Oficial* **N° 38.095 de fecha 28/12/2004. Decreto N° 3.390 de fecha 23-12-2004.**

con relación al gobierno electrónico. Sin duda los avances de las nuevas tecnologías provocan una sustancial modificación en la relación existente entre los ciudadanos (administrados) y sus gobernantes (administradores), la cual supone un escenario de aproximación entre el Estado y el Ciudadano y debería reducirse el tiempo (por Ej. Interminables filas para actualizar un domicilio) y los espacios (ahora digitales) que tradicionalmente los han separado (Castoldi, 2002). Se trata de cambiar la taquilla física: lenta, ineficiente, burocrática, no transparente, por una ventanilla virtual: ágil, eficiente, interactiva; cambiar los tiempos que involucra una gestión de manera física ante una dependencia gubernamental, por una celeridad en los procesos que implica disminución de tiempo; cambiar costos en papel, o cualquier otro soporte físico por reducir costos frente a la despapelización e incorporación de grandes volúmenes de información en formatos electrónicos.

CAPÍTULO III:
GOBIERNO ELECTRÓNICO

I. ALGUNAS GENERALIDADES

El Secretario de las Naciones Unidas en su Informe "Libertad para vivir sin temor", presentado cinco años después de la Declaración del Milenio, pidió entre otras cosas a los países en desarrollo, que mejoren su gobernanza, respeten los principios del Estado de derecho, luchen contra la corrupción y adopten un enfoque integrador del desarrollo que permita que la sociedad civil y el sector privado desempeñen su papel.

Es justamente aquí donde las TIC, cumplen un rol importante para poner en marcha gobernanzas eficientes, con formas alternativas de circulación del saber, siendo así que el uso de estrategias con modernas tecnologías puede impactar en la ciudadanía, en la medida que implica la eficiencia y modernización del Estado, la apertura de nuevos espacios de participación ciudadana, la vinculación de los ciudadanos con la administración pública y la acción social organizada con la utilización de medios electrónicos para convocatorias, campañas y coordinación de acciones ciudadanas. (Albornoz y Rivero, 2007).

Becerra (2009) menciona que aun cuando se conoce que no es fácil lograr una buena participación ciudadana a través de chats, foros de discusión, y otras herramientas interactivas dispuestas en los portales de las dependencias gubernamentales, es válido tomar lo dicho por Fraser Henderson, consultor experto en participación electrónica del Reino Unido, quien ofrece consejos para obtener una participación pública útil y civilizada a la vez, para lo que se requiere de un administrador de estos foros que mantenga las discusiones enfocadas en cualquier tipo de consulta y pueda:

-Reforzar con opiniones positivas los comentarios constructivos.

-Recalcar el propósito de la discusión a los nuevos participantes.

-Establecer reglas claras como "no realizar ataques personales" y "que las personas se identifiquen con su nombre real".

-Hacer que se respeten las reglas establecidas.

-Lidiar con las violaciones en privado.

-Aconsejar a las personas que participan en línea, para que siempre lean su comentario antes de enviarlo.

-Coordinar eventos simultáneos en línea y fuera de línea para recordar que del otro lado hay personas.

En el mismo artículo de Becerra (2009), Kim Patrick Kobsa, presidente y director ejecutivo de una empresa que desarrolla software social para negocios y gobierno, identificada como *Neighborhood America*, recomienda tres puntos en concreto:

-**Establecer claramente las expectativas ciudadanas,** ya que este proceso no debe verse como un vínculo mecánico y derivado de la tecnología, sino como algo participativo y que busca aclarar expectativas y resultados, en tanto que cuando un ciudadano entiende cómo se toman en cuenta sus aportaciones y que el proceso está diseñado para dar a elegir entre varias opciones, la calidad de los comentarios aumenta.

-**Moderar los comentarios públicos,** con la utilización de términos como: *caracterizar, categorizar* y *clasificar*, que permitan aumentar la relevancia del comentario.

-Pensar en obtener resultados. Lo que impulsa la comunicación ciudadana es el deseo de "marcar una diferencia" y "ser escuchado". Por ello, es importante explicar cómo se tomará en cuenta la opinión pública. Sin una respuesta convincente, los ciudadanos tienen poca motivación para ser reflexivos y participar.

Tal como ha expuesto Frey (2005), existen posibilidades de que los gobiernos utilicen las TIC con la finalidad de complementar esfuerzos que creen una administración pública más democrática y eficiente, fortalezcan la democracia, den soporte y otorguen poder a los actores sociales en la búsqueda del desarrollo sustentable. No obstante, si bien es cierto que la utilización de las TIC actúan para beneficio de los ciudadanos, no sólo se ve como reflejo de la tecnología per se sino por las decisiones políticas y económicas que recaen bajo la responsabilidad de gobiernos y organizaciones de la sociedad civil (p. 123).

II.   GOBIERNO DE VENTANILLA ÚNICA O GOBIERNO INTEGRADO EN EL MARCO DE LAS NACIONES UNIDAS

Un estudio sobre la ONU[1] resalta que la capacidad de los organismos para trabajar juntos y la de los ciudadanos para participar en un diálogo abierto con el gobierno, toman particular importancia en el contexto de la puesta del gobierno electrónico al servicio del desarrollo sostenible, incluyente y centrado en la gente. Los enfoques de política integrada, activados por mecanismos de cohesión institucional y tecnología moderna, afirma el referido estudio, contribuyen a los objetivos generales del desarrollo a largo plazo y al mismo tiempo otorgan más legitimidad a las actividades gubernamentales.

Según lo anterior, la falta de un enfoque de gobierno integrado, puede frenar el progreso en muchas áreas, sobre todo

---

[1]   Estudio de las Naciones Unidas sobre el Gobierno Electrónico, 2012. Gobierno Electrónico para el Pueblo. Departamento de Economía y Asuntos Sociales Naciones Unidas. Nueva York, 2012.

en los países de ingreso bajo en los que la coordinación limitada puede socavar la prestación de los servicios sociales, la protección de la seguridad física, la gestión de la economía e incluso los procesos políticos.

El punto de partida de un enfoque sistémico de gobierno integrado es la determinación de las condiciones iniciales que permitan la colaboración entre los departamentos mediante acuerdos institucionales a fin de garantizar que el sistema sea holístico, sinérgico y coordinado para la prestación de los servicios públicos. Y para ello resulta fundamental:

a. Una Autoridad nacional de Coordinación. En el estudio actual, se observó que 60 países –el 31% de los Estados Miembros– contaban con una Autoridad Nacional de gobierno electrónico o con un puesto equivalente. Esto significa un aumento respecto de 32 países en 2010 y 29 países en 2008

b. La Interoperabilidad del sector público. Una estrategia de gobierno electrónico, implica necesariamente que los sistemas implementados en todo el gobierno puedan comunicarse entre sí. Vale decir que Venezuela posee una ley en este sentido[2] y, la propia ley de infogobierno también plantea el tema de la interoperabilidad[3]. La interoperabilidad en el sector público se define como la capacidad de las organizaciones gubernamentales de compartir e integrar información mediante el uso de normas comunes.

El Estudio de 2012 comprende varios indicadores, uno de estos indicadores indaga sobre las funciones de gestión de identidades. A efectos de contarse, la función debe permitir al gobierno identificar con certeza a un ciudadano durante el transcurso de una transacción en línea.

---

[2]   Rango, Valor y Fuerza de Ley sobre Acceso e Intercambio Electrónico de Datos, Información y Documentos entre los Órganos y Entes del Estado, mejor conocido como Ley de Interoperabilidad. En Gaceta Oficial N° 39.945, del 15 de junio de 2012.

[3]   Artículo 30. Los procesos soportados en las tecnologías de información en el Poder Público y el Poder Popular deben ser interoperables, a fin de apoyar la función y gestión pública que éstos prestan, garantizando la cooperación y colaboración requerida para proporcionar servicios y procesos públicos integrados, complementarios y transparentes, sobre la base del principio de unidad orgánica.

Dado el costo y la dificultad de lograr la interoperabilidad necesaria para estas funciones, no sorprende que un número relativamente bajo de países las ofrezcan. Solo alrededor de una cuarta parte de los países suministra la gestión de identificación electrónica, mientras que un poco más de un tercio tiene un sistema de rastreo en línea.

c. Integración de los servicios públicos en línea. Algunos países han creado portales que recopilan gran cantidad de información y servicios en un único sitio web. Un objetivo clave de estos portales es facilitar la navegación y el uso del contenido por parte del ciudadano.

Un enfoque común de este modelo comprende la organización del contenido en torno a temas de la vida o asuntos públicos específicos, como los jóvenes, las personas de la tercera edad, las mujeres, las personas que buscan empleo, los estudiantes, etc. Estos portales también contienen una función de búsqueda avanzada que puede ofrecer un índice de contenido de decenas de sitios web gubernamentales; el sitio *www.usa.gov* contiene todas estas funciones.

Sin embargo hay una serie de desafíos que se dejan ver en experiencias europeas y latinoamericanas, tal como lo refleja Frey (2005).

1) En primer lugar, las estrategias de gobernanza electrónica solo conducirán a una mejora real de los servicios públicos si se establecen en un contexto de reforma de la administración pública, lo que implica la necesidad de adaptar los modos de operación y procesos administrativos a la rapidez y dinámica de la era digital y, por la otra, que las nuevas formas de gobernanza den prioridad a la creación de redes sociales y políticas, a la cooperación, participación y asociaciones públicas.

2) En segundo lugar, sólo se deben hacer inversiones en gobernanza electrónica, en tanto que sean válidas y benéficas para los ciudadanos. Se evidencia cuando el Gobierno, en cooperación con la iniciativa privada y el Tercer Sector, hacen grandes esfuerzos para poner a disposición de la población puntos de acceso gratuitos a Internet y entrena a los ciudadanos comunes en el uso eficiente de las nuevas tecnologías.

3) En tercer lugar, se debe promocionar un ciberespacio político tanto nacional, regional como local en el que se promueva la integración de los ciudadanos a la esfera pública virtual y por ende tendría consecuencias reales para los procesos de decisión locales, de esta forma se fomentará el estímulo mutuo entre las esferas públicas virtual y real.

4) En cuarto lugar, las TIC pueden ser una herramienta fundamental para apoyar estrategias de transferencia de poder a las comunidades locales en su lucha contra la pobreza y contra la exclusión social a través del fortalecimiento de lazos sociales y del afianzamiento de la solidaridad en comunidades locales.

Mientras que en los países europeos se ha puesto en evidencia que el papel de los gobiernos locales es primordial para facilitar o implementar proyectos de alcance comunitario, en el caso latinoamericano es evidente, una mayor variedad de actores e instituciones involucradas en proyectos de gobernanza urbana, sobre todo en el ámbito de la inclusión digital. Esto pone de manifiesto, por una parte, una dinámica significativa en la vida social y en la integración cívica en estos países, y por otra, la fragilidad y la resistencia del poder local en la asunción de un papel de liderazgo en cuestiones nuevas que afectan a las poblaciones locales. (Frey, 2005, p. 122).

De acuerdo al argumento de Negrón (2010), esta posición no es desdeñable, en tanto que:

Hoy, como es ampliamente conocido, estamos inmersos en la llamada sociedad del conocimiento cuya base es la creatividad, la capacidad de producir y aplicar nuevos conocimientos. Como lugares de la diversidad, no sólo de empresas sino sobre todo de personas, las ciudades son los espacios por excelencia de la creatividad porque es en ellas que el talento encuentra su caldo de cultivo, las condiciones que le permiten crecer y reproducirse; pero para que ese talento converja hacia una ciudad específica es necesario, entre otros requisitos, que exista un medio urbano idóneo, es decir, una serie de condiciones en parte naturales pero sobre todo producidas, tales como infraestructuras, patrimonio arquitectónico y urbanístico, tradiciones culturales, capacidades tecnológicas difusas, seguridad, ordenamiento institucional, que inciden directamente en la calidad de vida de la población. (p. 1).

III. PAPEL DE LAS REDES SOCIALES VIRTUALES

Una de las herramientas de las que se pueden valer de manera efectiva los gobiernos es de las redes sociales. Sin embargo, un documento elaborado recientemente por el CAF-Banco de Desarrollo de América Latina señala que 50% de la población de América Latina y el Caribe aún no tiene acceso a Internet; y que el próximo reto de la Región consistirá en generar riquezas e inclusión social, a partir de la disminución de la brecha digital, un logro que Venezuela se ha propuesto alcanzar durante la última década.

El informe, titulado "El ecosistema y la economía digital en América Latina", detalla que para acortar esa brecha digital se necesita del trabajo conjunto de los sectores público y privado en cada país, además de una inversión que ronda los 143 mil millones de dólares. Asimismo, el informe comentado es desarrollado junto con la Comisión Económica para América Latina y el Caribe (Cepal), la Asociación Iberoamericana de Centros de Investigación y Empresas de Telecomunicaciones, y la Fundación Telefónica y, en el mismo se estima que en la Región apenas un 10 por ciento de los habitantes tiene acceso a una conexión de banda ancha, y solamente un 20 por ciento se conecta a través de teléfonos móviles inteligentes. Esta realidad contrasta con los indicadores oficiales del sector en Venezuela, donde más del 60 por ciento de los habitantes tiene acceso a Internet, de acuerdo con las cifras del primer trimestre de 2015 publicadas por la Comisión Nacional de Telecomunicaciones. Incluso, de ese porcentaje, el 77.85 por ciento navega por la red de redes utilizando un teléfono móvil. En ese sentido, resulta de interés considerar las redes en razón de sus configuraciones espaciales, o lo que es lo mismo, pensar las articulaciones en redes que contemplan simultáneamente legados históricos de la tradición, además de proyectos que conectan las escalas locales y globales, en esta era de informatización.

No obstante, una de las ventajas de las redes sociales virtuales es que admiten, por sí mismas y sólo y exclusivamente en este sentido, la intrascendencia de cualquier aspecto relativo a la ubicación del usuario. Es decir, los diferentes contextos concernientes a la cultura o cualesquiera otros dominios que, frecuentemente, se acumulan en la ciudad, se ponen al alcance de cualquier habitante de la ciudad, ámbito rural, pueblos, dominios sociales de gran dimensión o dominios sociales aislados, indiscriminadamente. En otras palabras, la Red inutiliza o hace innecesarios los desplazamientos y se superpone a cualquier tejido geográfico y urbano o rural. Lo que quiere decir que es un elemento clave, ya que convierte cualquier emplazamiento, incluso aislado, en un punto al que es perfectamente accesible toda la información necesaria.

Scherer-Warren (2005), afirma que tanto las redes sociales primarias, interindividuales o colectivas son conocidas por ser presenciales, en espacios cercanos, de manera que crean territorios en el sentido tradicional del término, es decir, geográficamente delimitados. Es así como las redes virtuales, que surgen del ciberactivismo, resultan ser intencionales y transcienden las fronteras espaciales de las redes presenciales, por lo que crean territorios virtuales cuyas configuraciones se definen por las adhesiones a una causa o por afinidades políticas, culturales o ideológicas, siendo propicias para la participación ciudadana.

De igual manera, estas redes virtuales, pueden procurar tener impacto en las redes presenciales, y viceversa, en una constante dialéctica entre lo local y lo más global, entre lo presencial y lo virtual, entre el activismo de lo cotidiano y el ciberactivismo, tratando de ayudar a la formación de movimientos ciudadanos planetarizados. (p. 83)

No obstante, y en aras de la dimensión de la territorialidad de las redes en movimiento, Scherer-Warren (2005), menciona que se debe proseguir a buscar las conectividades de la red o bien sea tener claro:

1) Cómo los actores locales interactúan con agentes colectivos en las escalas regionales, nacionales y transnacionales, y qué nuevas territorialidades de acción se construyen en este proceso.

2) Cuáles son las organizaciones, actores y movimientos que son integrados o excluidos a través de las redes, y cuáles las razones subyacentes a los procesos de exclusión e inclusión social.

3) Qué forma asumen las interacciones que se establecen a través de las redes de información y cuáles son sus resultados.

Bajo estos términos, la idea de red se posiciona con una imagen marcada en los movimientos sociales, bien sea como una forma organizacional ó una estrategia de acción que le posibilitará a los movimientos sociales desarrollar relaciones más horizontales, menos centralizadas y, por lo tanto, más democráticas.

Por ello, una de las cosas más importantes por hacer es recuperar el espíritu de conexión entre las plazas, las calles y autopistas mediante la consolidación no sólo de una red de espacios públicos, sino de una red de ejes que los conecten.

En este contexto el empleo de las TIC busca aumentar y volver permanente el intercambio de conocimiento, nuevas tecnologías, experiencias y maneras de cómo abordar los problemas, ya que queda claro que la tecnología puede ser considerada, por una parte, como una herramienta para la creación de una administración más eficiente y más amigable orientada al usuario; y por otra parte, como revitalizadora de las comunidades locales, fortalecedora de lazos sociales y de solidaridad en el ámbito local y responsable del aumento de la participación política en procesos locales de toma de decisiones.

IV. ALGUNAS VENTAJAS DE LA INSTAURACIÓN DE UN GOBIERNO ELECTRÓNICO

La verdadera participación ciudadana involucra los usos democráticos directos de las nuevas tecnologías. Una mayoría piensa que gracias a Internet el mundo se volverá más democrático, más participativo y transparente, pues lo cierto es que la red permite una mayor interacción, es sinónimo de mayor información y permite a las minorías oír su voz.

En resumen, algunas ventajas de la instauración de un gobierno en línea o *e-gobernanza* son. Ver Gráfico N° 1

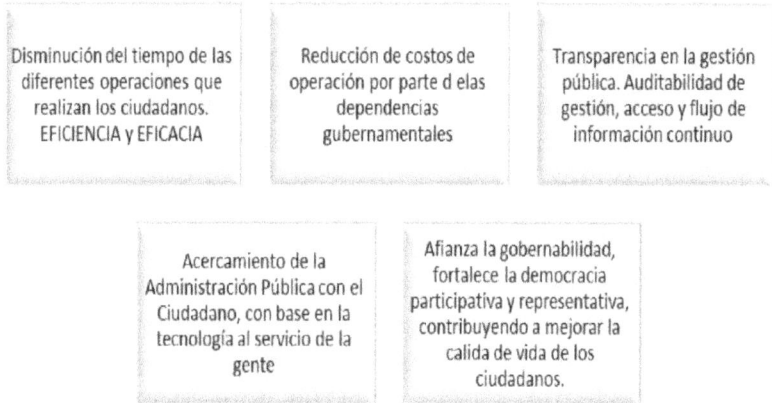

Gráfico N° 1. Ventajas de la instauración de un Gobierno Electrónico
Fuente: Rodríguez 2004. Elaboración propia

V. ALGUNOS OBSTÁCULOS PARA LA INSTAURACIÓN DE UN GOBIERNO ELECTRÓNICO

La alta tecnología y el potencial humano son el mayor desafío que la humanidad encara hoy (Granero 2002). Por ello, cada vez que las instituciones, sean gobierno o sector privado, ofrezcan nuevas tecnologías a los usuarios o a los empleados, tendrán que hacerlo como parte componente de un todo, en el que está presente una respuesta humana; si no lo hacen, la gente tratará de crear una propia, o de rechazar la nueva tecnología; y esto se observa en la resistencia al cambio frente a la automatización. Es necesario además de aprobar el acceso a Internet u otras redes telemáticas, lograr alfabetizar digitalmente la población latina; de igual forma, es necesario, más que una participación popular, como es el caso del voto electrónico o portales con contenido meramente informativo-teórico, debatir temas como la corrupción, el abuso de poder y la desinformación, lo que garantiza que la red global acerque la democracia a los pueblos.

En resumen, se encuentra a continuación algunos obstáculos para instaurar un gobierno electrónico o *e-gobernanza*. Ver Gráfico N° 2.

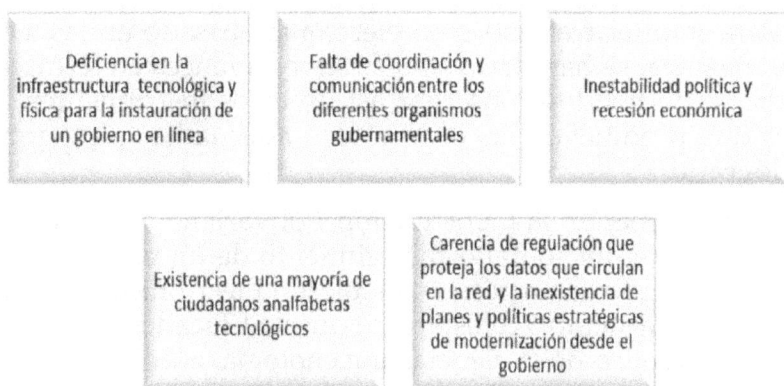

Deficiencia en la infraestructura tecnológica y física para la instauración de un gobierno en línea	Falta de coordinación y comunicación entre los diferentes organismos gubernamentales	Inestabilidad política y recesión económica
Existencia de una mayoría de ciudadanos analfabetas tecnológicos	Carencia de regulación que proteja los datos que circulan en la red y la inexistencia de planes y políticas estratégicas de modernización desde el gobierno	

Gráfico N° 2. Obstáculos para la instauración de un Gobierno Electrónico
Fuente: Rodríguez 2004. Elaboración propia

VI. MARCO LEGAL DEL GOBIERNO ELECTRÓNICO EN VENEZUELA

Desde 1999 Venezuela tiene un Ministerio de Ciencia y Tecnología (MCT) el cual, en la actualidad y por medio de la fusión de distintos Ministerios Venezolanos, pasó a denominarse Ministerio del Poder Popular para la Educación Universitaria, Ciencia y Tecnología (MPPEUCT en adelante). El MPPEUCT tiene la responsabilidad de conformar y mantener el Sistema Nacional de Ciencia, Tecnología e Innovación

(SNCTI) para impulsar procesos de investigación, innovación, producción y transferencia de conocimiento, con pertinencia a los problemas y demandas fundamentales que afectan a la sociedad venezolana.

En Venezuela, el Gobierno Electrónico procura el acercamiento e intercambio entre gobierno y ciudadano, apoyándose en las TIC para la transformación del Estado Venezolano, de la Gerencia Pública, de las estructuras y de los procesos de gobierno.

1. *Bases Legales*

Para impulsar el gobierno electrónico basado en las TIC, en Venezuela, se han dado significativos avances en términos jurídicos, pudiéndose observar así diversos instrumentos legales que promueven las condiciones adecuadas que permitan lograrlo.

Principalmente, la Constitución Bolivariana aprobada en 1999, provee el inicio del establecimiento de un marco jurídico para la implementación del Gobierno Electrónico en Venezuela, en su artículo 110 establece que "El Estado reconocerá el interés público de la ciencia, la tecnología, el conocimiento, la innovación y sus aplicaciones y los servicios de información necesarios por ser instrumentos fundamentales para el desarrollo económico, social y político del país, así como para la seguridad y soberanía nacional".

A la carta magna le siguen una serie de Leyes y Decretos que instituyen la responsabilidad del Estado en el desarrollo de la soberanía tecnológica y resguardan el derecho ciudadano al uso de las TIC. Así, el estado venezolano ha elaborado leyes específicas que permiten el acceso a la información y al control social; a continuación se mencionarán las normas principales:

- Constitución de la República Bolivariana de Venezuela de fecha 30-12-1999.

En sus artículos 102[4], 103[5], 108[6] y 110[7]. Los artículos 102 y 103, plantean el derecho que tiene toda persona de educarse, sin ningún tipo de exclusión, y el rol que asume el Estado como promotor del proceso de educación ciudadana, tomando además la educación como instrumento del conocimiento científico, humanístico y tecnológico al servicio de la sociedad.

---

[4] Art. 102 La educación es un derecho humano y un deber social fundamental, es democrática, gratuita y obligatoria. El Estado la asumirá como función indeclinable y de máximo interés en todos sus niveles y modalidades, y como instrumento del conocimiento científico, humanístico y tecnológico al servicio de la sociedad. La educación es un servicio público y está fundamentada en el respeto a todas las corrientes del pensamiento, con la finalidad de desarrollar el potencial creativo de cada ser humano y el pleno ejercicio de su personalidad en una sociedad democrática basada en la valoración ética del trabajo y en la participación activa, consciente y solidaria en los procesos de transformación social, consustanciados con los valores de la identidad nacional y con una visión latinoamericana y universal. El Estado, con la participación de las familias y la sociedad, promoverá el proceso de educación ciudadana, de acuerdo con los principios contenidos en esta Constitución y en la ley.

[5] Art. 103 Toda persona tiene derecho a una educación integral de calidad, permanente, en igualdad de condiciones y oportunidades, sin más limitaciones que las derivadas de sus aptitudes, vocación y aspiraciones. La educación es obligatoria en todos sus niveles, desde el maternal hasta el nivel medio diversificado. La impartida en las instituciones del Estado es gratuita hasta el pregrado universitario. A tal fin, el Estado realizará una inversión prioritaria, de conformidad con las recomendaciones de la Organización de las Naciones Unidas. El Estado creará y sostendrá instituciones y servicios suficientemente dotados para asegurar el acceso, permanencia y culminación en el sistema educativo. La ley garantizará igual atención a las personas con necesidades especiales o con discapacidad y a quienes se encuentren privados o privadas de su libertad o carezcan de condiciones básicas para su incorporación y permanencia en el sistema educativo.

[6] Art. 108. Los medios de comunicación social, públicos y privados, deben contribuir a la formación ciudadana. El Estado garantizará servicios públicos de radio, televisión y redes de bibliotecas y de informática, con el fin de permitir el acceso universal a la información. Los centros educativos deben incorporar el conocimiento y aplicación de las nuevas tecnologías, de sus innovaciones, según los requisitos que establezca la ley

[7] Art. 110. El Estado reconocerá el interés público de la ciencia, la tecnología, el conocimiento, la innovación y sus aplicaciones y los servi-

El artículo 108, hace énfasis en la contribución de los medios de comunicación masiva para la formación ciudadana. Garantizando el Estado, los servicios públicos de radio, televisión y redes de bibliotecas y de informática, permitiendo el acceso universal a la información. Muy importante resulta el hecho de que los centros educativos deben incorporar el conocimiento y aplicación de las nuevas tecnologías.

Por su parte en el artículo 110, el Estado reconoce el interés público de la ciencia, la tecnología, el conocimiento, la innovación, sus aplicaciones y los servicios de información necesarios por ser considerados instrumentos fundamentales para el desarrollo económico, social y político del país, así como para la seguridad y soberanía nacional, por lo que destina recursos suficientes y crea el Sistema Nacional de Ciencia y Tecnología. Garantizando también el cumplimiento de los principios éticos y legales que deben regir las actividades de investigación científica, humanística y tecnológica.

- Ley Orgánica de Educación, *Gaceta Oficial* N° 5.929 de fecha 15-08-2009.

En su artículo 32[8], se hace énfasis por estar orientado al desarrollo integral del hombre, específicamente en la educación superior fomentando nuevos conocimientos en relación a la ciencia, la tecnología, y otras disciplinas que vayan en beneficio del desarrollo personal, social y de la nación.

---

cios de información necesarios por ser instrumentos fundamentales para el desarrollo económico, social y político del país, así como para la seguridad y soberanía nacional. Para el fomento y desarrollo de esas actividades, el Estado destinará recursos suficientes y creará el sistema nacional de ciencia y tecnología de acuerdo con la ley. El sector privado deberá aportar recursos para las mismas. El Estado garantizará el cumplimiento de los principios éticos y legales que deben regir las actividades de investigación científica, humanística y tecnológica. La ley determinará los modos y medios para dar cumplimiento a esta garantía.

[8] Art. 32. La educación universitaria profundiza el proceso de formación integral y permanente de ciudadanos críticos y ciudadanas críticas, reflexivos o reflexivas, sensibles y comprometidos o comprometidas, social y éticamente con el desarrollo del país, iniciado en los ni-

- Decreto N° 6.155 con Rango, Valor y Fuerza de Ley de Reforma de la Ley Orgánica de Aduanas de fecha 19-11-2014.

En sus artículos 5[9], 40[10], 46[11] y 90[12] con sus respectivos numerales esta ley está enfocada a la promoción del uso de

---

veles educativos precedentes. Tiene como función la creación, difusión, socialización, producción, apropiación y conservación del cono cimiento en la sociedad, así como el estímulo de la creación intelectual y cultural en todas sus formas. Su finalidad es formar profesionales e investigadores o investigadoras de la más alta calidad y auspiciar su permanente actualización y mejoramiento, con el propósito de establecer sólidos fundamentos que, en lo humanístico, científico y tecnológico, sean soporte para el progreso autónomo, independiente y soberano del país en todas las áreas.

2. Fomentar la investigación de nuevos conocimientos e impulsar el progreso de la ciencia, la tecnología, las letras, las artes y demás manifestaciones creadoras del espíritu en beneficio del bienestar del ser humano, de la sociedad y del desarrollo independiente de la nación...

[9] Art. 5. Corresponde al Jefe de la Administración Aduanera:

20) Dictar las normas para que el registro, intercambio y procesamiento de los datos, documentos y actos inherentes a las operaciones y actividades aduaneras se efectúe mediante procesos electrónicos u otros medios de comunicación sustitutivos del papel, en todas o algunas aduanas, los cuales tendrán la debida fuerza probatoria.

[10] Art. 40. A los fines de la determinación de la normativa jurídica aplicable, toda mercancía destinada a un régimen aduanero deberá ser objeto de una declaración de aduanas para el régimen de que se trate a través del sistema aduanero automatizado.

[11] "Art. 46. Una vez presentada la Declaración Anticipada de Información, la Administración Aduanera efectuará un examen preliminar de la misma y sus documentos anexos, preferentemente mediante la utilización de sistemas informáticos, a fin de determinar si contiene todos los datos exigidos y si se adjunta la documentación complementarla correspondiente".

[12] Art. 90. Los Auxiliares de la Administración Aduanera deberán cumplir, entre otros, los requisitos y obligaciones siguientes:

8. Exhibir, a requerimiento de la Administración Aduanera, los libros de contabilidad, sus anexos, libros especiales, archivos, registros contables y cualquier otra información de trascendencia tributaria o aduanera y los archivos electrónicos, soportes magnéticos o similares

medios electrónicos para el manejo de información inherente a la actividad aduanera, con la finalidad de optimizar el servicio y al mismo tiempo transmitir a los contribuyentes la información pertinente, todo en beneficio del desarrollo organizacional de la administración de las aduanas

- Ley Orgánica de Telecomunicaciones de fecha 07-02-2011.

Contempla en sus artículos: 1[13] y 2[14] su propósito el cual es establecer el marco legal de regulación general de las telecomunicaciones, puntualizando el rol del Estado en la promoción y desarrollo de las mismas.

---

que respalden o contengan esa información; 9. Transmitir electrónicamente o por otros medios, las declaraciones aduaneras e información complementaria relativa a los actos y regímenes aduaneros en que participen; 10. Cumplir con los procedimientos y correspondientes formatos para la transmisión electrónica de datos, siguiendo los requerimientos establecidos para los sistemas informáticos utilizados por la Administración Aduanera; 16. Disponer de la infraestructura física adecuada, técnica y Administrativa para el servicio y la actividad aduanera;....

[13] Art. 1 Esta Ley tiene por objeto establecer el marco legal de regulación general de las telecomunicaciones, a fin de garantizar el derecho humano de las personas a la comunicación y a la realización de las actividades económicas de telecomunicaciones necesarias para lograrlo, sin más limitaciones que las derivadas de las leyes y la Constitución de la República.

[14] Art. 2. Los objetivos generales de esta Ley son:

1. Defender los intereses de los usuarios, asegurando su derecho al acceso a los servicios de telecomunicaciones, en adecuadas condiciones de calidad, y salvaguardar, en la prestación de estos, la vigencia de los derechos constitucionales, en particular el del respeto a los derechos al honor, a la intimidad, al secreto en las comunicaciones y el de la protección a la juventud y la infancia. A estos efectos, podrán imponerse obligaciones a los operadores de los servicios para la garantía de estos derechos.

- Decreto N° 1411 con rango, valor y fuerza de Ley de Reforma de la Ley Orgánica de Ciencia, Tecnología e Innovación. *Gaceta Oficial* Extraordinaria N° 6.151 de fecha 18-11-2014.[15]

---

2. Promover y coadyuvar el ejercicio del derecho de las personas a establecer medios de radiodifusión sonora y televisión abierta comunitarias de servicio público sin fines de lucro, para el ejercicio del derecho a la comunicación libre y plural.

3. Procurar condiciones de competencia entre los operadores de servicios.

4. Promover el desarrollo y la utilización de nuevos servicios, redes y tecnologías cuando estén disponibles y el acceso a éstos, en condiciones de igualdad de personas e impulsar la integración del espacio geográfico y la cohesión económica y social.

5. Impulsar la integración eficiente de servicios de telecomunicaciones.

6. Promover la investigación, el desarrollo y la transferencia tecnológica en materia de telecomunicaciones, la capacitación y el empleo en el sector.

7. Hacer posible el uso efectivo, eficiente y pacífico de los recursos limitados de telecomunicaciones tales como la numeración y el espectro radioeléctrico, así como la adecuada protección de este último.

8. Incorporar y garantizar el cumplimiento de las obligaciones de Servicio Universal, calidad y metas de cobertura mínima uniforme, y aquellas obligaciones relativas a seguridad y defensa, en materia de telecomunicaciones.

9. Favorecer el desarrollo armónico de los sistemas de telecomunicaciones en el espacio geográfico, de conformidad con la ley.

10. Favorecer el desarrollo de los mecanismos de integración regional en los cuales sea parte la República y fomentar la participación del país en organismos internacionales de telecomunicaciones.

11. Promover la inversión nacional e internacional para la modernización y el desarrollo del sector de las telecomunicaciones.

[15] Vale aclarar que la Ley Orgánica de Ciencia, Tecnología e Innovación de fecha 16-10-2010 fue reformada por Decreto Presidencial en fecha 18-11-2014, pero se constató que los artículos referenciados no sufrieron ninguna modificación.

Los artículos 1[16], 4[17] y 18[18] de la referida ley, establecen la orientación, en cuanto al desarrollo de los lineamientos señalados en la Constitución Nacional en materia de ciencia, tecnológica e innovación orientados a lograr la promoción, estímulo y fomento de la investigación científica, la apropiación social del conocimiento y la transferencia tecnológica, estimulando la capacidad para la generación, uso y circulación del conocimiento, promoviendo así el desarrollo nacional.

---

[16]   Art. 1. Objeto. La presente Ley tiene por objeto desarrollar los principios orientadores que en materia de ciencia, tecnología e innovación, establece la Constitución de la República Bolivariana de Venezuela, organizar el Sistema Nacional de Ciencia, Tecnología e Innovación, definir los lineamientos que orientarán las políticas y estrategias para la actividad científica, tecnológica y de innovación, con la implantación de mecanismos institucionales y operativos para la promoción, estímulo y fomento de la investigación científica, la apropiación social del conocimiento y la transferencia e innovación tecnológica, a fin de fomentar la capacidad para la generación, uso y circulación del conocimiento y de impulsar el desarrollo nacional.

[17]   Art. 4. Formulación de la política pública nacional. La autoridad nacional con competencia en materia de ciencia, tecnología, innovación y sus aplicaciones debe formular la política pública nacional de ciencia, tecnología, innovación y sus aplicaciones, basada en el Plan Nacional de Desarrollo Económico y Social de la Nación, la sustentabilidad de la producción, la protección del ambiente, la seguridad y el ejercicio pleno de la soberanía nacional. Esta política debe contener los principios, fundamentos, líneas prioritarias de investigación, planes, definición de los sujetos de investigación como un todo, estrategias de información y de participación del Poder Popular, así como los mecanismos de integración de los actores del Sistema Nacional de Ciencia, Tecnología e Innovación. Esta política nacional y sus logros serán analizados, revisados, actualizados y divulgados periódicamente en las áreas de interés nacional, regional y local por la autoridad nacional con competencia en materia de ciencia, tecnología, innovación y sus aplicaciones.

[18]   Art. 18. Tecnologías de información. La autoridad nacional con competencia en materia de ciencia, tecnología, innovación y sus aplicaciones, ejercerá la dirección en el área de tecnologías de información. En tal sentido, deberá: 1. Establecer políticas sobre la generación de contenidos en la red, respetando la diversidad, así como el carácter multiétnico y pluricultural de nuestra sociedad. 2. Resguardar la inviolabilidad del carácter confidencial de los datos electrónicos obtenidos en el ejercicio de las funciones de los órganos y entes públicos. 3. Democratizar el acceso-a las tecnologías de información.

- Decreto N° 1.424 con rango, valor y fuerza de Ley Orgánica de la Administración Pública de fecha 17-11-2014.

En sus artículos 9[19], 10[20], 11[21] y 22[22], se evidencia su orientación a la simplificación de los trámites administrativos incorporando tecnologías y empleando cualquier medio electrónico, informático, óptico o telemático para el cumplimiento de tal fin, por lo que además, cada órgano y ente de la Administración Pública deberá establecer y mantener una página en la Internet, como mecanismo de comunicación electrónica, tanto para dichos miembros públicos como para todas las personas por vía Internet.

---

[19] Art. 9. Las funcionarias públicas y funcionarios públicos tienen la obligación de recibir y atender, sin excepción, las peticiones o solicitudes que les formulen las personas, por cualquier medio escrito, oral, telefónico, electrónico o informático; así como de responder oportuna y adecuadamente tales solicitudes, independientemente del derecho que tienen las personas de ejercer los recursos administrativos o judiciales correspondientes, de conformidad con la ley.

[20] Art. 10. La actividad de la Administración Pública se desarrollará con base en los principios de economía, celeridad, simplicidad, rendición de cuentas, eficacia, eficiencia, proporcionalidad, oportunidad, objetividad, imparcialidad, participación, honestidad, accesibilidad, uniformidad, modernidad, transparencia, buena fe, paralelismo de la forma y responsabilidad en el ejercicio de la misma, con sometimiento pleno a la ley y al derecho, y con supresión de las formalidades no esenciales.

[21] Art. 11. Los órganos y entes de la Administración Pública deberán utilizar las tecnologías que desarrolle la ciencia, tales como los medios electrónicos o informáticos y telemáticos, para su organización, funcionamiento y relación con las personas, Cada órgano y ente de la Administración Pública deberá establecer y mantener una página en internet, que contendrá entre otra, la información que se considere relevante, los datos correspondientes a su misión, organización, procedimiento, normativa que lo regula, servicios que presta, documentos de interés para las personas, ubicación de sus dependencias e información de contactos.

[22] Art. 22. La organización de la Administración Pública procurará la simplicidad institucional y la transparencia en su estructura organizativa, asignación de competencias, adscripciones administrativas y relaciones interorgánicas. La estructura organizativa preverá la comprensión, acceso, cercanía y participación de las personas de manera que les permitan resolver sus asuntos, ser auxiliados y recibir la información que requieran por cualquier medio.

- Decreto 1.423 con rango valor y fuerza de Ley de Simplificación de Trámites Administrativos de fecha 26-11-2014.

El Decreto Ley establece en sus artículos 6[23], 8[24], 38[25], 45[26],

---

[23] Artículo 6°. Lineamientos para la elaboración de los Planes. Los órganos y entes de la Administración Pública en el ámbito de sus competencias, deberán simplificar los trámites administrativos que se realicen ante los mismos. A tales fines, elaborarán sus respectivos planes de simplificación de trámites administrativos con fundamento en las bases y principios establecidos en este Decreto con Rango, Valor y Fuerza de Ley, bajo las directrices de la autoridad nacional unificada en materia de trámites administrativos, y de conformidad con los siguientes lineamientos:

2. Simplificar y mejorar los trámites administrativos, lo cual supone, entre otros aspectos: b) Rediseñar el trámite utilizando al máximo los elementos tecnológicos.

[24] Art. 8. Difusión de los Planes. Los órganos y entes de la Administración Pública, conjuntamente con la autoridad nacional unificada en materia de trámites administrativos, deberán hacer del conocimiento público los planes de simplificación de los trámites administrativos que se dicten. A tal fin, dichos planes se deberán publicar en la Gaceta Oficial correspondiente, y asimismo, deberá dárseles la publicidad necesaria a través de cualquier medio de comunicación, entre otros, visual, oral, escrito, informático o telemático.

[25] Art. 38. Información al Público. Los órganos y entes de la Administración Pública, tienen el deber de ofrecer a las personas información completa, oportuna y veraz en relación con los trámites que se realicen ante los mismos. La Administración Pública dará preferencia al uso de tecnologías de información, por medios de acceso remoto, a los fines de mantener informado al interesado sobre las resultas, el estado y demás notificaciones relacionados con el trámite de su interés. Los órganos y entes de la Administración Pública, deberán tener disponibles en sus sitios de Internet, vínculos que permitan a los interesados acceder a información sobre sus trámites.

[26] Art. 45. Sistemas de información y transmisión electrónica de datos Cada órgano o ente de la Administración Pública, creará un sistema de información centralizada, automatizada, ágil y de fácil acceso que sirva de apoyo al funcionamiento de los servicios de atención al público, disponible para éste y para el personal asignado a los mismos, y en general, para cualquier funcionaria o funcionario de otros órganos y entes, a los fines de integrar y compartir la información, propiciando la coordinación y cooperación entre ellos, de acuerdo con el principio de la unidad orgánica.

47[27], 48[28] toda una plataforma de infraestructura para la simplificación, transparencia y eficiencia de los trámites ante la administración pública. Otros artículos que merecen referirse son los artículos: 49 y 50, el primero sobre los tipos de Oficinas de Ventanilla Única y el segundo que señala las funciones o servicios prestados por estas oficinas. Esta ley es la principal ley que en su momento apoyo la implantación del gobierno en línea, pues la ley de infogobierno aunque es la ley especial en la materia fue publicada en el año 2013 y, tuvo una *vacatio legis*[29].

- Decreto 9.051 con rango, valor y fuerza de Ley sobre Acceso e Intercambio Electrónico de Datos, Información y Documentación entre los órganos y entes del Estado (Ley de interoperabilidad en adelante) de fecha 15 de junio de 2012.

La ley de interoperabilidad define la interoperabilidad como la capacidad de los órganos y entes del Estado de intercambiar

---

Asimismo, deberán habilitar sistemas de transmisión electrónica de datos con el objeto que las personas interesadas envíen o reciban la información requerida en sus actuaciones frente a la Administración Pública, por una parte, y por la otra, que dichos datos puedan ser compartidos con otros órganos y entes de la Administración Pública, de acuerdo con el referido principio.

La autoridad nacional unificada en materia de trámites administrativos, previa consulta a los ministerios del poder popular con competencia en materia de planificación y de tecnología, dictará las regulaciones sobre los sistemas de información centralizada y de transmisión electrónica de datos a los fines de la correcta implementación de lo dispuesto en el presente artículo.

[27] Art. 47. Ventanilla Única. Son Ventanillas Únicas las oficinas creadas por un órgano o ente de la Administración Pública, o por un grupo de éstos, a las que pueden dirigirse las personas para realizar diligencias, actuaciones, gestiones, consignar documentos o solicitar información relativa a los trámites que realizan en uno varios de dichos órganos o entes.

[28] Art. 48. Finalidad. Las Oficinas de Ventanilla Única se crean con el objetivo de garantizar la cercanía de la Administración Pública a las personas, así como la simplificación de los trámites que se realizan ante ella.

[29] **Disposición Final de la Ley de Infogobierno. Tercera.** La presente Ley entrará en vigencia una vez transcurrido diez meses contados a partir de su publicación en la *Gaceta Oficial de la República Bolivariana de Venezuela*.

cambiar por medios electrónicos datos, información y documentación de acceso público (art. 4, numeral 7). Por su parte el Marco de interoperabilidad para el Estado venezolano define la interoperabilidad como la capacidad de organizaciones dispares y diversas de interactuar con objetivos consensuados.

De igual forma afirma Arias (2013:80) y coincidiendo con ambas definiciones, señala:

> "la interoperabilidad es la capacidad de dos o más de hardware y dos o más software de trabajar juntos e intercambiar información, documentos o datos.... Pero la interoperabilidad también es un medio con el que cuenta la administración pública para alcanzar ciertos fines, por ejemplo, bajar los costos y la carga administrativa que el Estado demanda a los ciudadanos y empresas; mejorar la atención a los ciudadanos, facilitando el acceso a información actualizada, oportuna y confiable; fomentar la transparencia, la eficacia y la simplicidad de los procedimientos administrativos; propiciar la cooperación y la interrelación entre los organismos de la administración pública; impulsar la optimización de los procesos de la administración pública que proveen servicios a la sociedad , a manera de no solicitar información que el Estado ya posee; mejorar la calidad de los datos públicos; disminuir los costos de operación de la administración público y cumplir con lo establecido en la Ley Orgánica de la Administración Pública....".

- Ley especial contra Delitos Informáticos de fecha 30-10-2001.

En general, los artículos de esta ley están enfocados a la protección integral de los sistemas que utilicen tecnologías de información, así como a la prevención y sanción de los delitos cometidos contra tales sistemas o cualquiera de sus componentes mediante el uso de medios electrónicos.

- Decreto N° 6.287 con Rango, Valor y Fuerza de Ley de Reforma Parcial de la Ley General de Bancos y otras Instituciones Financieras de fecha 30-07-2008[30].

---

[30] Este Decreto Ley N° 1.526 con rango, valor y fuerza de Ley General de Bancos y otras Instituciones Financieras de fecha 03-11-2001, tiene una Reforma parcial de fecha 30-07-2008, pero se pudo constatar que no se modificaron los artículos referenciados.

En sus artículos 445[31], 446[32] y 447[33] como puede observarse se establecen las sanciones correspondientes por fraude electrónico, apropiación de información de los clientes y apropiación de información por medios electrónicos; siendo aplicables tanto a los usuarios como a los miembros del sistema bancario, entidad de ahorro y préstamo.

- Decreto 825: Acceso y el Uso de Internet de fecha 10-05 de 2000.

De acuerdo con el Decreto 825, en su artículo 1 hace referencia en que el Estado debe establecer el uso del Internet como política prioritaria para el desarrollo cultural, económico, social y político de la República Venezolana.

En este sentido, el artículo 4, determinan la responsabilidad de los medios de comunicación, tanto públicos como privados, de divulgar universalmente el uso de Internet como herramienta educativa para el intercambio de información.

Por su parte, los artículos 5, 6, 10 y 11 establecen el rol que el Ministerio de Educación, Cultura y Deporte, el Ministerio de Infraestructura, el Ejecutivo Nacional y el Ministerio de Ciencia y Tecnología deben asumir en relación al acceso, uso y promoción de las tecnologías y a la inserción de los ciudadanos en la sociedad del conocimiento y de la información.

---

[31] **Art. 445. Fraude Electrónico.** Quien a través de la manipulación informática o mecanismo similar, con ánimo de lucro, efectúe una transferencia o encomienda electrónica de bienes no consentida, en perjuicio del banco, entidad de ahorro y préstamo, institución financiera o casa de cambio, o de un cliente o usuario, será penado con prisión de ocho (8) a diez (10) años.
Con la misma pena serán castigados los miembros de la junta administradora, directores, administradores o empleados del banco, entidad de ahorro y préstamo, institución financiera o casa de cambio, que colaboren en la comisión de las transferencias antes mencionadas

[32] **Art. 446. Apropiación de Información de los Clientes.** Quien a través de la manipulación informática o mecanismo similar, se apodere o altere documentos, cartas, mensajes de correo electrónico o cualquier otro documento o efecto personal remitido por un banco, institución financiera o casa de cambio, a un cliente o usuario de dicho ente, será penado con prisión de ocho (8) a diez (10) años.

[33] **Art. 447. Apropiación de Información por Medios Electrónicos.** Quien utilice los medios informáticos o mecanismo similar, para apoderarse, manipular o alterar papeles, cartas, mensajes de correo electrónico o cualquier otro documento que repose en los archivos electrónicos de un banco, entidad de ahorro y préstamo, institución

- Decreto 1204 con rango y fuerza de Ley sobre Mensajes de Datos y Firmas Electrónicas de fecha 28-02-2001. En sus artículos 1[34], 5[35], 7[36], 16[37] y 20[38] el Decreto reconoce la

financiera o casa de cambio, perjudicando el funcionamiento de las empresas regidas por este Decreto Ley o a sus clientes, será penado con prisión de ocho (8) a diez (10) años.

[34] **Art. 1.** El presente Decreto-Ley tiene por objeto otorgar y reconocer eficacia y valor jurídico a la Firma Electrónica, al Mensaje de Datos y a toda información inteligible en formato electrónico, independientemente de su soporte material, atribuible a personas naturales o jurídicas, públicas o privadas, así como regular todo lo relativo a los Proveedores de Servicios de Certificación y los Certificados Electrónicos.

El presente Decreto-Ley será aplicable a los Mensajes de Datos y Firmas Electrónicas independientemente de sus características tecnológicas o de los desarrollos tecnológicos que se produzcan en un futuro. A tal efecto, sus normas serán desarrolladas e interpretadas progresivamente, orientadas a reconocer la validez y eficacia probatoria de los Mensajes de datos y Firmas Electrónicas.

La certificación a que se refiere el presente Decreto-Ley no excluye el cumplimiento de las formalidades de registro público o autenticación que, de conformidad con la ley, requieran determinados actos o negocios.

[35] **Art. 5.** Los Mensajes de Datos estarán sometidos a las disposiciones constitucionales y legales que garantizan los derechos a la privacidad de las comunicaciones y de acceso a la información personal.

[36] **Art. 7.** Cuando la ley requiera que la información sea presentada o conservada en su forma original, ese requisito quedará satisfecho con relación a un Mensaje de Datos si se ha conservado su integridad y cuando la información contenida en dicho Mensaje de Datos esté disponible. A tales efectos, se considerará que un Mensaje de Datos permanece íntegro, si se mantiene inalterable desde que se generó, salvo algún cambio de forma propio del proceso de comunicación, archivo o presentación.

[37] **Art. 16.** La Firma Electrónica que permita vincular al Signatario con el Mensaje de Datos y atribuir la autoría de éste, tendrá la misma validez y eficacia probatoria que la ley otorga a la firma autógrafa. A tal efecto, salvo que las partes dispongan otra cosa, la Firma Electrónica deberá llenar los siguientes aspectos:

1. Garantizar que los datos utilizados para su generación puedan producirse sólo una vez, y asegurar, razonablemente, su confidencialidad.
2. Ofrecer seguridad suficiente de que no pueda ser falsificada con la tecnología existente en cada momento.
3. No alterar la integridad del Mensaje de Datos.

A los efectos de este artículo, la Firma Electrónica podrá formar parte integrante del Mensaje de Datos, o estar inequívocamente asociada a éste; enviarse o no en un mismo acto.

[38] **Art. 20.** Se crea la Superintendencia de Servicios de Certificación Electrónica, como un servicio autónomo con autonomía presupuesta-

validez y eficacia probatoria y valor jurídico de los Mensajes de Datos y Firmas Electrónicas y a toda información inteligible en formato electrónico, independientemente de su soporte material. Además regula todo lo relativo a los Proveedores de Servicios de Certificación y los Certificados Electrónicos.

- Ley de Responsabilidad social en radio, televisión y medios electrónicos de fecha 22 de diciembre de 2010.

Esta Ley tiene por objeto establecer, en la difusión y recepción de mensajes, la **responsabilidad social de los prestadores de los servicios de radio y televisión, proveedores de medios electrónicos**, los anunciantes, los productores y productoras nacionales independientes y los usuarios y usuarias, **para fomentar** el equilibrio democrático entre sus deberes, derechos e intereses **a los fines de promover** la justicia social **y de contribuir ....los derechos humanos,....**"

- Ley de Infogobierno de fecha 17-10-2013.

Esta Ley conceptualmente impulsará la automatización de la administración pública venezolana bajo software libre y estándares abiertos, en la búsqueda de la independencia tecnológica como lo establece el Plan de la Patria[39] y conjuntamente con el resto de las normas. Según el MIPPCI, algunos colectivos y activistas coinciden en que con la entrada en vigencia de la Ley de Infogobierno una de las principales ventajas para todos los ciudadanos será el ahorro de tiempo, ya

---

ria, administrativa, financiera y de gestión, en las materias de su competencia, dependiente del Ministerio de Ciencia y Tecnología.

[39] Este Plan establece; 1.5.3. Impulsar el desarrollo y uso de equipos electrónicos y aplicaciones informáticas en tecnologías libres y estándares abiertos.

1.5.3.1. Garantizar el impulso de la formación y transferencia de conocimiento que permita (...) aplicaciones informáticas en tecnologías libres y estándares abiertos.

1.5.3.3. Garantizar, en las instituciones del Estado, el uso de equipos electrónicos y aplicaciones informáticas en tecnologías libres y estándares abiertos.

1.5.3.4. Desarrollar una política integral que impulse la creación de centros tecnológicos en centros educativos, (...) que garanticen procesos formativo (...) y aplicaciones informáticas en tecnologías libres y estándares abiertos.

que evitaría los trámites de forma presencial. "Ello supone mejora en el buen vivir, además de que es una Ley incluyente al prever en su articulado las garantías de acceso a las tecnologías de información a las personas con alguna diversidad funcional limitante, ya que los sistemas deben contener condiciones de accesibilidad que hagan posible la utilización de todas las herramientas de forma universal", (http://minci.gob.ve/2014/10/ley-de-infogobierno-genera-independencia/)

Pero principalmente esta ley en su artículo 1[40] le da un espacio territorial al gobierno en línea, pues redundará en la simplificación y automatización de trámites, la contraloría social y la soberanía. En su Capítulo II se establecen los Principios y bases del uso de las tecnologías de información, tales como Los Principios de: Igualdad, legalidad, de conservación digital, transparencia, accesibilidad, participación, seguridad, protección de datos, entre otros. En su Título II intitulado: "De la Organización en el Poder Público para el uso de las Tecnologías de Información, se crean por un lado: el Consejo de Uso de las Tecnologías de Información y por el otro lado la Comisión Nacional de Tecnologías de Información. De igual manera se indican las atribuciones de la referida Comisión y las Unidades de Apoyo así como los subsistemas que conforman el Sistema Nacional de Protección y Seguridad Informática.

Agrega el portal del Ministerio que:

"....Con el novísimo instrumento legal queda claro que toda persona en el ejercicio de la función pública tiene responsabilidad civil, penal y administrativa y podrá ser sujeto de las sanciones previstas en la ley. La historia precedente representada en el Decreto 3390 no establecía sanción alguna, y allí radica la

---

[40] Artículo 1. Esta Ley tiene por objeto establecer los principios, bases y lineamientos que rigen el uso de las tecnologías de información en el Poder Público y el Poder Popular, para mejorar la gestión pública y los servicios que se prestan a las personas; impulsando la transparencia del sector público; la participación y el ejercicio pleno del derecho de soberanía; así como, promover el desarrollo de las tecnologías de información libres en el Estado; garantizar la independencia tecnológica; la apropiación social del conocimiento; así como la seguridad y defensa de la Nación.

diferencia, ya que la Ley de Infogobierno establece el carácter obligatorio en el uso de las tecnologías libres, mientras que el Decreto decía "preferentemente" (http://minci.gob.ve/2014/10 /ley-de- infogobierno-genera-independencia/).

También se consagra en su Título V El Derecho y Garantía de las personas sobre el acceso a la información, donde se ratifica el derecho de las personas a su privacidad, honor e intimidad, derechos consagrados en la Constitución Nacional, de igual manera, se le debe informar al ciudadano 1. Que la información será recolectada de forma automatizada; 2. Su propósito, uso y con quién será compartida; 3. Las opciones que tienen para ejercer su derecho de acceso, ratificación, supresión y oposición al uso de la referida información y; 4. Las medidas de seguridad empleadas para proteger dicha información, el registro y archivo, en las bases de datos de los organismos respectivos (art. 75 *ejusdem)* Otro aspecto muy importante y en consonancia con la ley orgánica de simplificación de trámites administrativos es la prohibición de exigir documentos físicos.

- Decreto N° 3.390 Uso prioritario del Software Libre de fecha 28-12-2004[41].

La orientación de este Decreto aunque ya derogado, fue de valioso aporte durante su vigencia, pues en su articulo 1 dejaba por sentando que la Administración Pública Nacional debía utilizar el Software Libre para el mejoramiento y cumplimiento de sus sistemas, proyectos y servicios informáticos. En ese sentido, su artículo 4 se refería a los programas de capacitación que corresponde al Ministerio de Ciencia y Tecnología facilitar a los funcionarios públicos con la finalidad de

---

[41] Este Decreto fue derogado según la Disposición Derogatoria Primera de la Ley de Infogobierno, que señala: "Se deroga el Decreto N° 3.390 de fecha 23 de diciembre de 2004, mediante el cual se dispone que la Administración Pública Nacional empleará prioritariamente Software Libre desarrollado con Estándares Abiertos en sus sistemas, proyectos y servicios informáticos, publicado en la Gaceta Oficial de la República Bolivariana de Venezuela N° 38.095 de fecha 28 de diciembre de 2004".

adquirir el conocimiento necesario en materia de software Libre. Asimismo, el referente 8 del decreto 3.390 estaba enfocado a la disposición por parte del Ejecutivo Nacional de propiciar el conocimiento general, a la sociedad en la utilización de este programa, sin tener que pagar regalías a los desarrolladores del mismo.

- Decreto 1.093 mediante el cual se dicta el Reglamento de interconexión de fecha 24-11-2000.

Este reglamento define las pautas y medidas a seguir por parte de los operadores de telecomunicaciones para la interconexión, acceso y uso de las redes conjuntamente con intereses de la Comisión Nacional de Telecomunicaciones

- Resolución 237 de fecha 04-11-2004.

En sus artículos 1[42], 2[43] y el 3[44] la presente resolución tiene como objetivo promover la investigación, desarrollo, innovación y formación en el área de Software Libre, para generar servicios y herramientas informáticas calificados en el área de las TIC.

---

[42] Art. 1. Se crea el Programa Científico-Tecnológico de Investigación denominado "Academia de Software Libre (ASL)", el cual tendrá por objeto promover la investigación, desarrollo, innovación y formación en el área de Software Libre, con el propósito de disponer de alta capacidad técnica y científica para generar herramientas informáticas y ofrecer servicios calificados en el área de las tecnologías de información y comunicación.

[43] Art. 2. El Programa se desarrollará a través de los distintos centros de investigación tecnológica creados a tales fines, de manera progresiva y funcionará en las distintas dependencias regionales tanto descentralizadas como desconcentradas del Ministerio de Ciencia y Tecnología a nivel nacional, los cuales serán los encargados de la ejecución financiera y operativa de los Centros, de conformidad con los lineamientos que dicte el Ministerio.

[44] Art. 3. Para el cumplimiento del objeto de este Programa en los diferentes Centros, el Ministerio de Ciencia y Tecnología establecerá los acuerdos correspondientes con sus organismos adscritos a los fines de fijar las condiciones para el desarrollo del mismo según las actividades a ser desarrolladas en la ejecución de la presente Resolución.

- Resolución 240 de fecha 09-11-2004.

En sus artículos 1[45], 2[46] y 3[47] la resolución 240 está orientada a la sustitución progresiva del nombre de dominio "**gov.ve**" utilizado por organismos, órganos, entes y demás entidades dependientes de los poderes públicos del Estado Venezolano y que corresponde a la palabra en idioma inglés "*goverment*" por el del "**.gob**" que corresponde a la palabra gobierno en español, a los efectos de utilizar el castellano, idioma oficial de la República Bolivariana de Venezuela y hacer más asertiva y comprensible para los ciudadanos la identificación en Internet de los nombres de dominio de los órganos y entes públicos.

- Resolución N° 2016-0021 de fecha 14 -12-2016, aprobada en Sala Plena del TSJ, según Gaceta Oficial Ordinaria N° 41117 de fecha 20-03-2017.

Acuerda las "Normas de Adecuación Administrativa y Tecnológicas que Regularán los Copiadores de Sentencia, y los Libros de Registros que lleven los Tribunales de los Circuitos en las sedes judiciales y de las Copias Certificadas que estos expidan". De igual manera agrega la referida Resolución

---

[45] **Art. 1.** Se crea un nuevo nombre de dominio de segundo nivel denominado **gob.ve.** para registrar los Nombres de dominio que serán utilizados por los organismos, órganos, entes y demás entidades dependientes de los poderes públicos del Estado Venezolano.

[46] **Art. 2.** En virtud de lo establecido en el artículo anterior, se sustituirá progresivamente el nombre de dominio **gov.ve** utilizado actualmente por dichos organismos, órganos, entes y demás entidades dependientes de los poderes públicos del Estado Venezolano.

[47] **Art. 3.** Los organismos, órganos, entes y demás entidades dependientes de los poderes públicos del Estado Venezolano, deberán emplear el acrónimo de su nombre oficial como parte de su nombre de dominio. A tales efectos, deberán tener presente las normas de sintaxis y prohibiciones establecidas por las Normas de Registro de Nombres establecidos por el Centro de Información de Red de Venezuela "NIC-VE" del Centro Nacional de Tecnologías de Información, en la página www.nic.ve.

Resolución aspectos importantes como los establecidos en sus artículos: 5[48], 6[49], 7[50] y 8[51] *ejusdem.*

Una vez expuestos los documentos legales más significativos que conforman el marco legislativo vigente del Gobierno Electrónico en el país, señalan Nava y Reyes (2010) que se observa que apunta hacia la modernización del Estado y el desarrollo del gobierno electrónico, en vista de que, al menos teóricamente, promueve el avance de la plataforma tecnológica nacional, el adiestramiento de los funcionarios en el uso de las TIC, así como también el de los ciudadanos, impulsando el desarrollo de plataformas de servicios, productos, información e interacción entre el Estado, las instituciones, las organizaciones y los ciudadanos.

El análisis de estos instrumentos legales, deja en evidencia que el país cuenta con un marco legislativo bien completo, permitiendo afirmar, en tal sentido, que el basamento legal venezolano vigente es propicio para el desarrollo de gobiernos electrónicos, ya que, es avanzado, integral y acentuado en lo social.

Aun así, donde todavía se observan algunas deficiencias, es en la implementación de estas normativas, todo indica que el país aún debe transitar un trecho para alcanzar la integración de todo el proceso. Por su parte, el gobierno debe asumir la responsabilidad de promover cambios efectivos en su organización interna y así optimizar los procesos.

---

[48]   Art. 5. De los Respaldo de los Copiadores y demás Libros de Registro.

[49]   Art. 6. De la Certificación Electrónica de la Firma de los Jueces y Juezas, Secretarios y Secretarias.

[50]   Art. 7. De la expedición digital de las Copias Certificadas.

[51]   Art. 8. Del asiento diario de las solicitudes en formato electrónico.

CAPÍTULO IV:
GOBIERNO ELECTRÓNICO:
UNA MIRADA DESDE LOS OBJETIVOS
DE DESARROLLO DEL MILENIO

I. ALGUNAS CONSIDERACIONES

El Objetivo N° 8 correspondiente a los OMD, está enfocado en el fomento de alianzas a nivel mundial para lograr el desarrollo. Este objetivo al igual que el resto de los OMD, constituyen una visión común y su logro deberá contribuir a la realización de un progreso notable para el desarrollo de la humanidad. A nivel de América Latina, se han hecho adelantos significativos y sustanciales en el cumplimiento de varias metas de los distintos objetivos. Pero a los fines de este texto, se hará referencia especial a la meta N° 8F correspondiente al objetivo N° 8, antes señalado. Esta meta busca en colaboración con el sector privado, acceso a los beneficios de las nuevas tecnologías, en particular los de las tecnologías de la información y de las comunicaciones. Y aunque son varias las estrategias para alcanzar esta meta, se explicará si el Gobierno Electrónico es una de esas estrategias, a continuación:

II. PRINCIPALES ESFUERZOS EN LA REGIÓN: LOGROS Y RETOS

	PRINCIPALES LOGROS	PRINCIPALES RETOS
E- GOBERNANZA	Elaboración y puesta en marcha el Plan de Acción sobre la Sociedad de la Información de América Latina y el Caribe (eLAC). Este Proyecto ha abarcado tres versiones de acción (eLAC 2007, eLAC 2010 y, la más reciente eLAC 2018), ésta última sobre la Revolución Digital. Se trata de un Plan latinoamericano acorde con los (OMD), que visualiza las (TIC) como instrumentos de desarrollo económico y de inclusión social. Asimismo, pretende universalizar el acceso a servicios digitales en los países de la Región, con especial énfasis en los grupos vulnerables y asegurando la equidad de género, entre otros objetivos. Las acciones que conforman la agenda digital eLAC 2018, se enfocan en cinco ejes y, uno de ellos está referido al Gobierno Electrónico y Ciudadanía. Este Proyecto dio origen a la Red GEALC.	Necesidad de armonizar de alguna manera la práctica administrativa entre los países pertenecientes a la región. Además de cuestiones tan sensibles como las bases legales de la privacidad de los ciudadanos o la definición de los estándares de seguridad mínimos en los intercambios digitales. Las autoridades de los distintos Estados deberían abordar también otras cuestiones de interés en este plano como: los márgenes de los derechos de propiedad intelectual, transparencia y reducción de la brecha digital entre países desarrollados y países en desarrollo. Por otra parte, FreedomHouse, la organización defensora de la libertad de prensa con sede en Washington al lanzar su informe anual el 29 de octubre de 2015, sobre 65 países (7 en América Latina), mantuvo a Argentina y Brasil entre las 18 naciones con Internet libre. Mientras que Venezuela, México, Ecuador y Colombia, fueron consideradas naciones con internet parcialmente libre. Cuba continúa siendo el único país del continente con Internet restringido pese a medidas importantes que adoptó tras normalizar su relación con Estados Unidos. Los Estados deberían fomentar acuerdos entre sí para que la interoperabilidad de los servicios y sistemas no se reduzca al ámbito de cada Estado, sino que desde el principio comprenda a todos los Esta-

dos de modo que el acceso al Gobierno Electrónico se haga de manera más o menos conjunta como Región, potenciando así las sinergias que se seguirán de un acceso lo más amplio posible, simultáneo y sostenido de todos los países a la sociedad de la información y el conocimiento y con especial precaución acerca de la obsolescencia de las diversas ofertas tecnológicas. Se debe lograr un estándar común de interoperabilidad entre todos los países. (FreedomHouse, 2015)

La Red de Líderes de Gobierno Electrónico de América Latina y el Caribe (Red GEALC) fue creada en el año 2003 con el fin de promover la cooperación horizontal entre los países de América Latina y el Caribe, y de facilitar el intercambio de soluciones y expertos entre los mismos. Uno de los aspectos donde más ha incidido la Red GEALC se refiere al desarrollo de la interoperabilidad. Ese interés quedó reflejado en la Carta Iberoamericana de Gobierno Electrónico (CIGE), aprobada por la XI Conferencia Iberoamericana de Ministros de Administración Pública y Reforma del Estado.

Vale señalar que Venezuela en *Gaceta Oficial* N° 39.945, del 15 de junio de 2012, publicó el Decreto con Rango, Valor y Fuerza de Ley sobre Acceso e Intercambio Electrónico de Datos, Información y Documentos entre los Órganos y Entes del Estado, mejor conocido como Ley de Interoperabilidad, la cual entraría en vigencia dos años después de su publicación.

Generar riquezas e inclusión social, a partir de la disminución de la brecha digital. Para acortar esa brecha digital se necesita del trabajo conjunto de los sectores público y privado en cada país, además de una inversión que ronda los 143 mil millones de dólares.

La Comisión Económica para América Latina y el Caribe (Cepal) conjuntamente con la Asociación Iberoamericana de Centros de Investigación y Empresas de Telecomunicaciones, y la Fundación Telefónica, estima que en la Región apenas un 10 por ciento de los habitantes tiene acceso a una conexión de banda ancha, y solamente un 20 por ciento se conecta a través de teléfonos móviles inteligentes.

| | Un reciente informe de la Corporación Andina de Fomento (CAF), que es el Banco para el Desarrollo de la Región Andina, señala que la penetración promedio de Internet en la Región es de 50%. | |
| | Con relación a la banda ancha de los 18 países de la región analizados, en 16 hay mayor penetración de banda ancha móvil que de fija. Para América Latina en su conjunto la tasa de crecimiento para la modalidad fija fue 5% y 22% para la móvil. En Perú y Nicaragua la modalidad fija está ligeramente más difundida que la móvil, aunque las tasas de crecimiento promedio anual de subscripciones a banda ancha móvil entre 2006 y 2013 han sido generalmente más altas que las de la banda ancha fija. La mayor diferencia entre países se observa en la banda ancha móvil. Costa Rica tiene una alta penetración en esta modalidad con niveles similares al promedio de los países de la OCDE y muy superior al resto de los países de la región. La diferencia con Brasil, el segundo país mejor posicionado, es de 21,3 p.p.; con Uruguay, el tercer mejor posicionado, es de 27,2 p.p. y con Nicaragua, el país con la menor penetración entre los países considerados, 71,5 p.p. De acuerdo al ranking Akamai naciones como Chile tienen una conexión pico de 36,7-Mbps, ubicándose en el puesto 53 del ranking mundial, seguido en América por Colombia con una velocidad de 28,7Mbps. (Duarte, M., 2015). Venezuela ocupa el puesto 134 su velocidad máxima 10,7 Mbps. | |

Elaboración propia.

En este mismo sentido, debe resaltarse los esfuerzos que en el caso particular presentó Venezuela, quien emitió un Documento en el año 2013.

III. PRINCIPALES ESFUERZOS POR PARTE DE VENEZUELA: LOGROS Y RETOS

	PRINCIPALES LOGROS	PRINCIPALES RETOS
E-GOBERNANZA	**Política Prioritaria** Se inició en el año 2001, un Plan Nacional de Tecnología de la Información, con base a cuatro lineamientos: a) Desarrollar y consolidar una Plataforma Nacional de Tecnologías de Información y Comunicaciones que permita fortalecer las capacidades humanas y mejorar la calidad de vida; b) Crear una adecuada base de recursos humanos en tecnología de información, mediante la formación masiva para la apropiación de una cultura tecnológica por parte de los usuarios de las TIC; c) Acelerar a modernización del Estado mediante el uso masivo de las TIC, con la finalidad de facilitar la comunicación intra e intergubernamental y con la sociedad en general, e incrementar la calidad en la prestación de servicios públicos a los ciudadanos, instituciones y organizaciones y; d) Promover las TIC en el sector productivo, público y privado, a fin de elevar su productividad y competitividad, en el marco de la economía digital mundial. Entre las estrategias estuvo declarar el uso de Internet como política prioritaria para alcanzar el Gobierno Electrónico a través del Decreto Presidencial 825 de fecha 10 de mayo de 2000 y publicado en *Gaceta Oficial* el 22-05-2000.	**Política Prioritaria** Incluir a Internet como prioridad de inversión. Desde el 22 de marzo de 2009 el internet fue eliminado de la lista de prioridades de inversión para la nación por el Instructivo Presidencial para la Eliminación del Gasto Suntuario o Superfluo en el sector público nacional, publicado en la *Gaceta Oficial* Nº 39.146. Art. 2 del Decreto 6.649, establece: "Se prohíbe el gasto suntuario o superfluo en el sector público nacional. Solo con la autorización del Vicepresidente Ejecutivo y previa exposición de motivos que justifiquen su aprobación, se permitirá de manera racional: 1. La adquisición de telefonía celular y de discado directo internacional, así como el uso de Internet". Esto contradice el Decreto N° 825. Mejorar la prestación de los servicios públicos (Energía eléctrica y conexión a banda ancha), por ser los dos pilares sobre los que descansa la conexión a la red. Actualmente resultan deficientes.

	Universalización en el Acceso a las TIC: a partir del año 2007, se inicia en Venezuela, un proceso acelerado de inclusión, gracias a la renacionalización de la Compañía Anónima Nacional de Teléfonos de Venezuela (CANTV), la cual a partir de ese momento se suma a los esfuerzos del Gobierno Nacional en áreas medulares en cuanto al acceso a los distintos servicios relacionados con la telefonía. En este sentido se tiene que para el año 2012, hay un total de 7.648.225 suscriptores de líneas telefónicas fijas, lo cual representa un incremento del 201,59% con respecto al año 2000. El acceso a Internet también ha presentado un incremento ya que existen 3.679.876 suscriptores, es decir, 3.406.339 más que en el año 2000. De igual forma, el número de suscriptores a telefonía móvil se ubicó para el año 2012 en 31.732.781 usuarios, que representa un incremento del 482,55% con respecto al año 2000.	Universalización en el Acceso y Velocidad a las TIC. Los números de usuarios del servicio de internet aumentaron abruptamente a partir del tercer trimestre de 2014, cuando Conatel cambió la base de su medición al incluir personas que poseen un teléfono móvil con un plan de acceso a redes de datos y estimar la cifra de población total a partir de los siete años de edad, logrando aumentar el porcentaje de penetración de 44,79% a 59,02% en un trimestre. A partir de allí se ha incrementado en 2% el índice de conexión. (Duarte, M., 2015) Permitir la competencia libre en infraestructura, actualmente es competencia exclusiva de la estatal CANTV. Propiciar el debate y no la censura en las redes. Venezuela se encuentra entre los 28 países con un Internet parcialmente libre, de acuerdo con un estudio de FreedomHouse sobre la democratización en la web.difundido el 29-10-15. Colombia, Ecuador y México también están dentro de esta categoría. El informe mencionó que un joven de 18 años fue una de seis personas arrestadas en Venezuela por twitear sobre la muerte de un congresista. La tendencia creciente de personas que se suman al mundo virtual lo hacen principalmente por razones lúdica, es decir no están buscando participar de los debates políticos. (Canelón, 2003: 14). Cuando lo hacen son objeto de arresto. El número de ciudadanos que participan actualmente en los espacios de debate político y ciudadano es reducido, se trata francamente de una minoría. El tema no es meramente técnico o secundario, cuando se piensa en la posibilidad de que los ciudadanos realicen gestiones

		en línea, como pagar impuestos o tramitar el pasaporte, la calidad de la conexión cuenta. Una persona con una conexión precaria, si es que cuenta con ella, tendrá siempre menores posibilidades de involucrarse que aquel que tiene por ejemplo un servicio de banda ancha.
		Peña (2014) afirma "En Venezuela, la conexión a Internet permanente sigue siendo un privilegio caro y con velocidades pobres y a esa triste realidad se suma que la mayoría de los ciudadanos, cerca del 57%, aun ni siquiera la conocen y, si la han visto, no se han atrevido a degustarla"
		Luis Carlos Díaz, especialista en comunicación digital y coordinador del área de Comunicación y Redes del Centro Gumilla, en Caracas, asegura que la lentitud del internet produce una experiencia de usuario insatisfactoria y limitada. "A las metas del milenio le basta el número de conectividad y Venezuela puede decir que sí ha cumplido, estamos conectados entre el 55% y el 65% de la población venezolana, eso tiene un impacto propagandístico pero cuando uno va al detalle se da cuenta que sí estamos conectados con la peor velocidad de todo el continente. (Duarte,M., 2015)
		Para Andrés Azpúrua, director de la organización de derechos digitales Venezuela Inteligente uno de los obstáculos del progreso tecnológico es que la política oficial se enfoca en la cobertura y no en mejorar la calidad. "Las dos cosas son sumamente importantes y tiene que haber políticas serias hacia ambas, actualmente no existe un control sobre los servicios, no se promueve que los proveedores aumenten o mantengan la calidad o las velocidades". (Duarte, M., 2015)

		Priorizar la masificación de internet, no existen suficientes enlaces de fibra óptica para ofrecer un acceso extendido en el interior del país. Según la Memoria y Cuenta 2014 del Ministerio de Ciencia, Tecnología e Innovación, de los 20.000 kilómetros ofrecidos en 2011 existen un poco más de 11.000 ya operativos para la conexión.
	Formación y Capacitación en el uso de las TIC. El Gobierno venezolano ha destinado durante los últimos 15 años, parte del gasto público nacional en una serie de programas destinados a la inclusión social en el ámbito de las TIC, entre ellos, el Proyecto Canaima Educativo, la Fundación Infocentro y el Plan Nacional de Alfabetización Tecnológica (PNAT). Destaca el trabajo realizado en la Fundación INFOCENTRO, que busca fortalecer el desarrollo de las potencialidades locales, las redes sociales y el poder popular. A fin de prestar un servicio a las poblaciones que normalmente no han tenido acceso a estas tecnologías, se ha fortalecido el trabajo de estos espacios que ofrecen acceso a Internet gratuito, permitiendo a las comunidades hacer uso de estos recursos sin ninguna restricción. Actualmente hay 866 de estos espacios, que atienden a un total de 5.207.915 personas a lo largo y ancho del país. La iniciativa del Plan Canaima, en cooperación con la República de Portugal, consta de la dotación a los estudiantes de educación básica, de una computadora portátil que contiene material didáctico conforme a su nivel de estudio, orientado a fortalecer las capacidades de aprendizaje de los estudiantes. Otro logro gubernamental es el	**Formación y Capacitación en el uso de las TIC** En el Debate sobre el Plan de trabajo para Proyectos Canaima GNU/Linux y Canaima Educativo enhttp://altadensidad.com /?p=72224,se plantearon los siguientes retos en el tema de la formación y capacitación -Probar y rectificar el correcto funcionamiento del sistema nacional de TIC Libres -Incorporar a la comunidad universitaria en el desarrollo de la próxima versión de Canaima GNU/Linux -Desarrollar una primera versión de Canaima orientada al usuario de la Administración Pública. -Socializar procesos para generar propuestas transformadoras relacionadas con la plataforma tecnológica para la generación de contenidos educativos. Pese a los esfuerzos un poco más de 2 millones de jóvenes de entre 15 y 29 años, es decir, 28% de la población juvenil, no ha utilizado nunca o casi nunca una computadora, según reporta el informe de resultados de la Encuesta Nacional de Juventud (Enjuve 2013), realizada por el Instituto de Investigaciones Económicas y Sociales de la Universidad Católica Andrés Bello (IIES-UCAB). De acuerdo con los resultados de esta encuesta, levantada entre los meses de junio y agosto de 2013, de una población de

	Plan Nacional de Alfabetización Tecnológica (PNAT) impulsado por la Fundación Infocentro desde el 2006, destaca las cifras de adultos mayores o personas con discapacidades que han sido alfabetizadas, pero no se hace referencia particular a los jóvenes. A través de este programa al menos 1 millón 993 mil 991 personas han sido alfabetizadas y formadas tecnológicamente hasta la fecha.	casi 8 millones de jóvenes, 7 de cada 10 declararon hacer uso de la computadora con alguna frecuencia. De ese 71%, 4 de cada 10 jóvenes (41%) la emplean en forma cotidiana, otro 21% recurre a ella al menos una vez por semana y el 9% restante se limita a utilizarla al menos una vez por mes. (Hernández, A, 2015) Para Anitza Freitez, directora del IIES-UCAB y coordinadora de esta investigación, el resultado del estudio revela que "existe analfabetismo digital en una porción importante de la población juvenil". Según la Enjuve 2013, 15% de los jóvenes nunca ha utilizado un ordenador y 13% casi nunca lo ha hecho.
	Visión como herramienta de atención al ciudadano. Durante la pasada década, se iniciaron procesos de adecuación tecnológica para permitir a la ciudadanía, procesar distintos tipos de solicitudes a través de Internet. En la primera línea de este proceso, se encuentra el sistema de gestión de citas para la emisión del pasaporte, actividad emprendida por el Servicio Autónomo de Identificación, Migración y Extranjería (SAIME). Al mismo tiempo, el Servicio Nacional Integrado de Administración Aduanera y Tributaria (SENIAT), ofrece distintos servicios a través de su portal WEB. Según un estudio realizado por el Ministerio del Poder Popular para Ciencia, Tecnología e Innovación en cuya temática se	**Visión como herramienta de atención al ciudadano. Intensificar la información bidireccional o 2.0** Con base a un estudio cuyo propósito es la evaluación de una serie de portales del Estado venezolano 2006-2010[1], se extraen algunas consideraciones, que configuran retos para el Estado venezolano. Del estudio se permite evidenciar que persiste en muchas instancias del Estado una lógica informativa, con una vocación unidireccional sin propiciar la participación y el debate −pese a que existe un discurso que ampararía tales dimensiones-, y que por lo tanto no genera otras prácticas sociales y ciudadanas de lo que se viene conociendo internacionalmente como Gobierno Electrónico. Se resaltaba

---

[1] Universidad de los Andes. Dr. Pedro Rincón Gutiérrez, Núcleo Táchira. Grupo de Investigación, Cultura y Sociedad. y Universidad Católica Andrés Bello. Centro de Investigaciones de la Comunicación (CIC-UCAB), Cañizáles, Andrés Gobierno Electrónico: ¿Ciberdemocracia en Venezuela? En: *El Gobierno Electrónico: Balance y perspectivas*. Coord. Carlos Arcila. Colección de Textos de la Comunicación. 2010.

abordó el tema del Gobierno Electrónico en la Administración Pública (2010), se observó que de 182 instituciones públicas participantes, el 80% utiliza el software libre en su plataforma tecnológica de servicios y trámites en línea. El 20% restante respondieron no utilizarlo.

Con la evolución de las distintas redes sociales, se han llevado a cabo importantes formas para asimilarlas a las dinámicas propias del Estado. Es por eso que la mayoría de los dirigentes del Gobierno Nacional poseen cuentas en alguna de estas redes, que permiten una comunicación directa, facilitando la gestión eficiente de denuncias, peticiones y ayudas que demanda la población.

por el estudio referido, que en ocasiones hay portales de gobierno como el de la Presidencia de la República, en www.presidencia.gob.ve, que no abrían. Hoy se pudo constatar que abre, pero sólo manejan información sobre la dependencia (etapa primaria del e-gob); la mayor parte del contenido es propaganda política, no hay manera de participar, por ejemplo en foros o debates, la forma de contacto es a través de una central telefónica, no hay acceso por correo, salvo un correo institucional, pero al hacer *clic* en el *link* no abre; sin embargo, se muestra el *twitter* del Presidente.

Otro portal estudiado fue el de la Asamblea nacional, www.asambleanacional.gob.ve, anteriormente según el estudio referido, no abría. En la actualidad se maneja información institucional y propaganda política de manera simultánea; en cuanto a la actividad que realizó durante 2014 y 2015, no se presentan leyes sancionadas, siendo la actividad propia de la asamblea, registra sólo nueve leyes sancionadas en el año 2013. En cuanto al correo, pide verificar certificados y colocar el usuario y contraseña, pero no se observa previamente un *link* para registro; posee espacios como "atención al ciudadano" u "Oficina de atención al ciudadano", pero no abren, presentan error.

En el caso de la web de la fiscalía general de la República, en www.mp.gob.ve, continúa ofreciendo un solo correo electrónico, y al hacer *clic en "contacto"* no abre, no hay ningún foro, para hacer denuncias debes acudir a la sede del ministerio público de la región en cuestión, no hay formularios, pero hay varios números de

		0800 VERDAD, 0800 VICTIMA, entre otros en lo referente a "Atención al público", la conexión es lenta. En el caso de la página de la defensoría (www.defensoría.gob.ve), antes no se contaba con un correo, se observa una mejoría en el portal, pues ahora se tiene un correo y teléfonos de contacto. Antes tenía un apartado donde se invitaba a realizar denuncias "ejerce tu estado de justicia", pero el link no llevaba a ninguna página ni enlazaba a ningún formulario, actualmente, si hay un formulario en el apartado "Denuncias". En el caso del ministerio del poder popular para relaciones interiores, justicia y paz (www.mpprij.gob.ve), anteriormente el portal en la parte de Foros, sólo tenía uno publicado, que no tenía nada que ver ni con el ministerio ni con la gestión gubernamental. Tampoco había respuesta ni participación. En la actualidad, el portal presenta una forma de consulta, pero la temática ya viene predefinida, en este caso, sobre discriminación racial, pero si hay indicación de los pasos para algunos trámites administrativos y algunos pueden hacerse parcialmente en línea, como es el caso de las solicitudes de certificación para trámites internacionales en la parte "servicios a la ciudadanía". Se tiene asesoría jurídica y redacción de documentos legales gratuita, claro la página sólo muestra que asesorías ofrece y los requisitos, se debe acudir a la sede física para hacer el trámite. Muestra redes sociales de contacto.

La Transparencia La Asamblea Nacional dictó la Ley Infogobierno publicada en *Gaceta Oficial* N° 40.274, de fecha 17 de Agosto de 2014, que establece en su artículo 1. **Objeto de la ley** Artículo 1. Esta Ley tiene por objeto establecer los principios, bases y lineamientos que rigen el uso de las tecnologías de información en el Poder Público y el Poder Popular, para mejorar la gestión pública y los servicios que se prestan a las personas; impulsando la transparencia del sector público; la participación y el ejercicio pleno del derecho de soberanía; así como, promover el desarrollo de las tecnologías de información libres en el Estado; garantizar la independencia tecnológica; la apropiación social del conocimiento; así como la seguridad y defensa de la Nación. Deroga el Decreto Presidencial N° 3.390 que establece el uso prioritario de Software Libre en la Administración Pública Nacional; así como el capítulo I del Título III y el Título V del Decreto con Rango, Valor y Fuerza de la Ley Sobre Acceso e Intercambio Electrónico de Datos, Información y Documentos entre los Órganos y Entes del Estado.	**La Transparencia.** Mejorar la gestión administrativa en consonancia con el uso de las TIC "Nuestro país ha venido empeorando en todos los indicadores globales relacionados con las buenas prácticas de la gestión pública", asegura Jesús Urbina, representante en el Zulia de la ONG Transparencia Venezuela. "La organización International Budget Partnershipen su ranking de Índice de Presupuesto Abierto en su siglas en inglés (OBI), ubica a Venezuela en el último lugar de América Latina Con apenas 8 puntos sobre 100, Venezuela cayó 37 puntos en el Índice de Presupuesto Abierto 2015 y se ubicó entre los 9 países con peor desempeño presupuestal en todo el mundo. Continúa señalando Urbina, "OBI es uno de los registros más importantes, pues revela cuán efectivamente dispuesto está el gobierno a promover y permitir la participación de los ciudadanos en el diseño del presupuesto nacional, y cuánta apertura muestra para que sea auditado y controlado públicamente".

Elaboración Propia

CONSIDERACIONES FINALES

De lo anterior se establece lo siguiente:

1.- Existe un riesgo real de brecha en los países de América latina y el Caribe, no solo en el uso de Internet sino también en la utilización de los servicios del gobierno electrónico. A fin de lograr un enfoque inclusivo y un desarrollo socialmente sostenible, los gobiernos tienen que abordar con eficacia estas brechas y las diferencias. La situación actual se caracteriza por un nivel de uso de los servicios electrónicos generalmente bajo, una brecha importante entre la oferta del gobierno electrónico por un lado y el de la demanda por otro, y la limitada cantidad de tipos de servicios electrónicos utilizados.

2.- La informática jurídica, cuya finalidad es hacer más efectiva las organizaciones, se ha convertido en una de las últimas esperanzas para la Administración Pública, pues consiste en trasladar los principios informáticos: accesibilidad, autenticidad, integridad, confidencialidad, no repudio, control y transparencia hacia el trabajo o la actividad de la oficina pública.

3.- Pueden identificarse algunos ejes de impacto de la informática jurídica de gestión en la Administración Pública; a saber: Motivación a los actos administrativos, Organización Administrativa, Publicidad y Prueba de los Actos Administrativos, Control Integrado y, Atribución de Responsabilidad.

4.- El análisis de estos instrumentos legales, deja en evidencia que el país cuenta con un marco legislativo bien completo, pero aun así, se observan algunas deficiencias, en la implementación de estas normativas, todo indica que el país aún debe transitar un trecho para alcanzar la integración de todo el proceso y, asumir la responsabilidad de promover cambios efectivos en su organización interna y así optimizar los procesos.

5.- La falta de declaraciones políticas específicas sobre la privacidad y la seguridad disuaden a los ciudadanos del uso de los servicios del gobierno electrónico. El problema es que, según los datos del Estudio de las Naciones Unidas sobre el Gobierno electrónico de 2012 menos de la mitad de los estados miembros de las Naciones Unidas prevén esas declaraciones. Los sitios web gubernamentales de setenta y nueve países (el 41% de los ciento noventa y tres estados miembros de las Naciones Unidas) proporcionan una declaración de privacidad (comprende países en desarrollo). Solo treinta y nueve países (el 20% de estados miembros de las Naciones Unidas) disponen de una política de seguridad visible con una función de enlace segura bien identificada en el sitio web gubernamental.

6.- Se debe elevar el nivel general en el uso de los servicios electrónicos, cerrar las brechas existentes y trasladar de manera significativa el uso más allá del ámbito de la información al de las transacciones más complejas y a servicios, como el de consulta en línea.

7.- No hay fórmulas para alcanzar formas de representación o prestación de servicios públicos absolutamente transparentes y libres de corrupción, pero algunas propuestas pueden ser válidas para que este proceso de transformación continúe:

- Diseño y elaboración de portales que brinden acceso directo y sencillo para las necesidades de la ciudadanía, a fin de motivar el acercamiento.

- Posibilidad de realizar trámites las 24 horas del día los 7 días de la semana los 365 días del año, accediendo a la gestión pública desde cualquier parte del país a través de la red.

- Unificación de las bases de datos del Estado para evitar duplicaciones innecesarias de las mismas y una incorrecta actualización.

- Publicidad de toda la información elaborada por el Estado.

8.- La tecnología móvil ha incrementado su importancia en la combinación de múltiples canales disponibles para los ciudadanos. Sin embargo, al mismo tiempo, hay que tener en cuenta que existen limitaciones técnicas que pueden restringir el uso de los servicios móviles, y que la tecnología móvil en banda ancha se encuentra aún en las etapas iniciales. Por lo tanto, el mejor enfoque consiste en lograr la combinación y el equilibrio adecuados de la tecnología móvil y la conectividad a Internet en banda ancha.

9.- Hoy día, los organismos gubernamentales utilizan los medios de comunicación social para mejorar los servicios públicos, reducir los costos y aumentar la transparencia. Por estos medios pueden informar a los ciudadanos, promover los servicios, indagar la opinión del público y la retroalimentación y llevar adelante un seguimiento de la satisfacción del usuario respecto de los servicios públicos que ofrecen a fin de mejorar su calidad. En vista de que los medios de comunicación social permiten una comunicación bidireccional en tiempo real, los organismos gubernamentales pueden hacer participar a los ciudadanos rápidamente como coproductores de los servicios y no solo como destinatarios pasivos.

10.- Se cumple con los objetivos del milenio pero a un cincuenta por ciento, hay logros, pero aún hay retos. Es fundamental por parte de quienes definen las políticas y que se esfuerzan por obtener una gran cantidad de información abierta y por facilitar el uso de los servicios electrónicos, contar con: la protección de los derechos de autor, una legislación sobre la privacidad, la estandarización de la calidad de la in-

formación, la digitalización de los datos, la recopilación bási-
ca, la estandarización de las prácticas de información a lo largo de un país y la legislación del derecho de acceso a la información.

REFERENCIAS BIBLIOGRÁFICAS

ABRAHAM, S. "El E-government: Estrategia para la innovación en el Gobierno Federal", 2001. Disponible en: www. narxiso.com. Consultado el 10 de octubre de 2002.

ALBORNOZ y RIVERO. Experiencias andinas de gobierno electrónico: La problemática de la participación ciudadana, 2007. Disponible En: http://books.google.co.ve/books?id=kP S7rts JkY4C&printsec=frontcover&dq=Experiencias+andi nas+ de+gobierno+electr%C3%B3nico: La+problem%C3%A1tica+de +la+participaci%C3%B3n+ciudadana&source=bl&ots=BLWFw -QX mm&sig=CTVgWvpNkCVgB38NeGg6LWM _AY4&hl= es&ei=OWHGS7WPN4bY9ATy9rSuDg&sa=X&oi=book_resul t&ct=result&resnum=1&ved=0CAYQ6AEwAA#v=onepage& q&f=false. Consultado el 20-10-2015.

ARIAS, María I. "Protección de Datos personales en el marco de los servicios interoperables de la Administración Pública venezolana", en *Fronesis Revista de Filosofía Jurídica, Social y Política*, Vol. 20, N° 1, 2013, p. 78-95.

ARDITI, Benjamín. "La política después de la política." En: *Actores Sociales y demandas urbanas. Bolos, Silvia*, Universidad Iberoamericana, Plaza y Valdés, México, 1995, p. 69-70.

El Nacional. Web. ARMAS, Jesús. "Desarrollan aplicación para denunciar problemas en comunidades de Caracas. Las herramientas gratuita que podrá ser descargada en diferentes dispositivos móviles que cuenten con el sistema operativo Android", 2016. Disponible en: (http://www.elnacional.com

/tecnologia/Desarrollan-aplicacion-denunciar-comunidad. Caracas_0_880112 015. html) Consultado el 10-07-2016.

BACKUS, Michiel. "E-governance in Developing Countries", The International Institute for Communication and Development, IICD, Research Report 3, 2001. Disponible en: http://www.ftpiicd.org/files/research/reports/report3.pdf. Consultado el 25-03-2014.

BECERRA, J. "Cómo fomentar la participación ciudadana en línea". Boletín Política Digital en línea. 94, 2009. Disponible en: http://www.politicadigital.com.mx/?P=leernoticia& Article=1137. Consultado el 10 -08- 2015.

BUSTOS, Miguel. "Comunicación sostenible y desarrollo humano en la sociedad de la información", 2008. En: Comercio electrónico global. Disponible en www.e-global.es Consultado el 01-08-2008.

CAÑIZALEZ, Andrés. Capítulo V. Gobierno Electrónico: ¿Ciberdemocracia en Venezuela? CIC-UCAB. En: *El Gobierno Electrónico en Venezuela: Balance y perspectiva*. Coord. Carlos Arcila. Colección Textos de la Comunicación, Universidad de los Andes, 2010.

CASTOLDI, Pablo. "El Gobierno Electrónico como un nuevo paradigma de Administración". En *Prudentia Iuris*, N° 55. Universidad Católica, Buenos Aires, Argentina, 2002.

Centro Latinoamericano de Administración para el desarrollo (CLAD) (2009). Foro Iberoamericano sobre estrategias para la implantación de la Carta Iberoamericana de Gobierno Electrónico. Disponible en http://old.clad.org/reuniones-internacionales/eventos-realizados/foro-iberoamericano-so bre-estrategias-para-la-implantacion-de-la-carta-iberoamericana-de-gobierno-electronico Consultado el 29-07-2016.

CORREA, C., BATTO, H., CZAR, S., NAZAR, F. *Derecho Informático*. Ediciones Depalma, Buenos Aires, Argentina, 1994.

CRESPO, Enrique. Guía para el análisis del impacto de las tecnologías de la información y de la comunicación en el Desarrollo Humano, Tesis, Escuela Universitaria de Ingeniería Técnica de Telecomunicaciones, Universidad Politécnica de Madrid, Marzo de 2008.

CRIADO, J.I. "Gobierno Electrónico en Latinoamérica. Aproximación desde una perspectiva intergubernamental". Universidad Autónoma de Madrid. En *Revista Chilena de Administración Pública*, 14 Diciembre 2009, p. 10-35.

DINSDALE, G., CHHABRA, S. y RATH-Wilson, J. Guía práctica para el Gobierno Electrónico: Cuestiones, impactos y percepciones, 2002. Disponible en: http://idbdocs.iadb.org/wsdocs/getdocument.aspx?docnum=626922. Consultado el 03-09-2010.

DUARTE, Mónica. "El Internet no es prioridad de inversión para Venezuela". En: *La Razón*. 6 de agosto de 2015. Disponible en: http://www.larazon.net/2015/08/06/el-internet-no-es-prioridad-de-inversion-para-venezuela/. Consultado 27-10- 2015.

EFE (06 de julio de 2016) "Venezuela descendió cinco puestos en el ranking latinoamericano de desarrollo en las telecomunicaciones". Disponible en línea en: http://runrun. es/tech/269430/venezuela-descendio-cinco-puestos-en-rank ing-latinoamericano-de-desarrollo-en-las-telecomunicaciones. html. Consultado 10-07-2016.

FreedomHouse. "Venezuela en la lista de países con internet parcialmente libre". En *El Nacional*. Caracas, 29 de octubre de 2015.Cuerpo Sociedad. Disponible en: http://www. el-nacional.com/sociedad/Venezuela-paises-Internet-parcial-mente-libre_0_728327241.html. Consultado el 29-10-2015.

FREY, K. "Gobernanza electrónica urbana e inclusión digital: experiencias en ciudades europeas brasileñas". Nueva Sociedad, 196, 2005, p. 109-124.

GartnerGroup RAS ServicesResearch (Note TU-12-6113). 2000, noviembre 21.

GRANERO, Horacio. "El orden público tecnológico". En: *Prudentia Iuris* N° 55, Universidad Católica, Buenos Aires, Argentina 2002.

HERNÁNDEZ, A. "Excluidos Tecnológicos". En El Universal. Caracas, 11 de octubre de 2015. Cuerpo Tecnología. Disponible en: http://www.eluniversal.com/nacional-y-politica /151011/excluidos-tecnologicos Consultado el 29-10-2015.

LÓPEZ, F. "La Administración pública en la era de la información", 1999. En: *Ciberperiodismo y Gobierno Electrónico*. N° 30, Páez e Iribarren, México. Disponible en: www.razony palabra.org.mx Consultado el 08-08-2008.

LOVERA, O. "Se calcula que a finales de año se implantará la factura digital. El certificado electrónico es mejor que un motorizado. Con esta herramienta se simplifican los trámites administrativos", 2008. En: *El Nacional*, Cuerpo 6, Ciudadanos Tecnología, Domingo 1° de junio de 2008.

MAISL, Herbert. "La modificación du droit sous I'nfluence de I'nformatique", *Recueil Dalloz*, Doctrina, 1983.

Ministerio del Poder Popular para la Comunicación y la Información. "Ley de infogobierno brinda plenas garantías para el desarrollo tecnológico", 2014. Disponible En: http://minci.gob.ve/2014/10/ley-de-infogobierno-genera-independencia/Consultado el 30-08-2016.

NAVA, Jennifer y REYES, Marielys. "Marco jurídico del Gobierno Electrónico en Venezuela", 2010. Disponible en https://docs.google.com/document/edit?id=1ME0evLo8cYT XyYshataHsFb2W6iCAQkQ0iV6SJ2w1Hk&hl=es&pref=2&pli=1#. Consultado el 29-07-2016.

NEGRÓN, M. "Construyendo un futuro para Caracas", *El Nacional*, Paraninfo, 24 de julio de 2010.

OCAMPO, Fernando. "El gobierno electrónico: ¿reforma de última generación? En *Revista Electrónica de Derecho Informático (REDI) del 1° de julio de 2003*. Disponible en: www. alfaredi.org. Consultado el 07-08-2003.

PALACIOS, Rolando. "Democracia Digital, ciudadanización de la política: problemas y desafíos". En *Sala de prensa*. Volumen 2, N° 38, Año III, Diciembre 2001, p. 56-58.

PARTHA, P. Gobernanza electrónica, 2005. Disponible En: http://www.ub.es/prometheus21/articulos/obsciberprome/gobelec.pdf. Consultado el 08-03- 2015.

PEÑA, William. "Casi 60 por ciento de los venezolanos no tienen acceso a Internet. Más de la mitad desconectados". En *TalCual*, viernes 7 de marzo de 2014. p 17.

RODRÍGUEZ, Gladys. "Gobierno Electrónico: Hacia la modernización y transferencia de la Gestión Pública". En *Revista de Derecho*, N° 21, Universidad del Norte, Barranquilla 2004, p. 1-23

_____. "Red y Democracia. Retos y Oportunidades para la participación". En: *Lecciones y Ensayos*, N° 82, Lexis Nexis Abeledo-Perrot, Buenos Aires, Argentina, 2007, p. 17-35.

ROLDÁN y HUIDOBRO. La tecnología E-Business, Thomson, Madrid 2005.

SCHERER-WARREN, I. "Redes sociales y de movimiento en la sociedad de la información". Nueva Sociedad, 196, 2005, p. 77-92.

TAPSCOTT, Don. "Promesas y peligros de la tecnología digital". En: *La Red. Cómo cambiaran nuestras vidas los nuevos medios de comunicación*. Cebrian, Juan, Taurus, Madrid, España 1998, p. 22-28.

United Nations & American Society for Public Administration (2002).Benchmarking E-government: A Global Perspective. Disponible en: http://unpan1.un.org/intradoc/groups/public/documents/UN/UNPAN021547.pdf. Consultado el 03-05-2009.

URBINA, Jesús. "ONG Transparencia Venezuela. Venezuela, entre los 9 con peor desempeño presupuestal", 2015. Disponible En: http://www.laverdad.com/economia/84982-venezuela-entre-los-9-paises-con-peor-desempeno-presupuestal.html. Consultado el 04-10-2015.

Documentos Oficiales

Naciones Unidas. Asamblea General. Documento final de la Reunión Plenaria de Alto Nivel de su sexagésimo quinto período de sesiones sobre los Objetivos de Desarrollo del Milenio Resolución aprobada por la Asamblea General el 22 de septiembre de 2010. Cumplir la promesa: unidos para lograr los Objetivos de Desarrollo del Milenio. A/RES/65/1.

Naciones Unidas (2014). E-Government Survey 2014. Selected messages on ICT and public service delivery General Debate, 68th Session of the United Nations General Assembly (September 2013) Nueva York: Publicaciones de las Naciones Unidas. Disponible en línea en: http://unpan3.un.org /egovkb/Portals/egovkb/Documents/un/2014-Survey/E-Go v_Annexes.pdf.

Naciones Unidas y CEPAL. eLAC, 2018. La Revolución Digital. Declaración de Ciudad de México. Quinta Conferencia Ministerial sobre la Sociedad de la Información de América Latina y el Caribe. 7 de agosto de 2015.

Naciones Unidas. Asamblea General. Sexagésimo Octavo período de sesiones. Documento final del acto especial de seguimiento de la labor realizada para lograr los Objetivos de Desarrollo del Milenio, 01 de octubre de 2013.

Naciones Unidas y CEPAL. Estado de la banda ancha en América Latina y el Caribe, Julio 2015.

Naciones Unidas. Estudio de las Naciones Unidas sobre el Gobierno Electrónico, 2012. Gobierno Electrónico para el Pueblo. Departamento de Economía y Asuntos Sociales Naciones Unidas, Nueva York, 2012.

Naciones Unidas Proyecto del Milenio de las Naciones Unidas. Director Jeffrey D. Sachs, Nueva York. Invirtiendo en el desarrollo. Un plan práctico para conseguir los Objetivos de Desarrollo del Milenio. Panorama. 2005.

Centro Latinoamericano de Administración para el Desarrollo (CLAD) Carta Iberoamericana de Gobierno Electrónico. Aprobada por la IX Conferencia Iberoamericana de Ministros de Administración Pública y Reforma del Estado. Pucón Chile del 31 de mayo al 1° de Junio de 2007, Resolución N° 18 de la "Declaración de Santiago".

Presidencia de la República de Venezuela Documento Cumpliendo las metas del milenio 2012.

Textos Legales

Asamblea Nacional Constituyente. Constitución de la República Bolivariana de Venezuela. *Gaceta Oficial* Extraordinaria N° 36.860. Caracas, 30 de diciembre de 1999.

Asamblea Nacional de la República Bolivariana de Venezuela. Ley especial contra Delitos Informáticos. *Gaceta Oficial* N° 37.313 de fecha 30 de octubre de 2001.

Asamblea Nacional de la República Bolivariana de Venezuela. Ley de Responsabilidad social en radio, televisión y medios electrónicos. *Gaceta Oficial* 39579 de fecha 22 de diciembre de 2010.

Asamblea Nacional de la República Bolivariana de Venezuela. Ley Orgánica de Telecomunicaciones. *Gaceta Oficial* 383.310 de fecha 07-02-2011.

Asamblea Nacional de la República Bolivariana de Venezuela. Ley Orgánica de Educación. *Gaceta Oficial* Extraordinaria N° 5929 de fecha 15 -08-2009.

Asamblea Nacional de la República Bolivariana de Venezuela. Ley de Infogobierno. *Gaceta Oficial* N° 40.274 de fecha 17-10-2013.

Presidencia de la República Bolivariana de Venezuela. Decreto 825. Internet Prioritaria. *Gaceta Oficial* N° 36.955 de fecha 10-05-2000.

Presidencia de la República Bolivariana de Venezuela. Decreto 1.093 mediante el cual se dicta el Reglamento de interconexión. *Gaceta Oficial* N° 37.085 de fecha 24-11-2000.

Presidencia de la República Bolivariana de Venezuela. Decreto N° 1.204 con Rango, Valor y Fuerza de Ley de Mensajes de Datos y Firmas Electrónicas, *Gaceta Oficial* N° 37.148 de fecha 28-02-2001.

Presidencia de la República Bolivariana de Venezuela. Decreto N° 6.287 con Rango, Valor y Fuerza de Ley de Reforma Parcial de la Ley General de Bancos y otras Instituciones Financieras de fecha 30-07-2008.

Presidencia de la República Bolivariana de Venezuela. Decreto N° 9051 con Rango, Valor y Fuerza de Ley sobre Acceso e Intercambio Electrónico de Datos, Información y Documentos entre los Órganos y Entes del Estado, mejor conocido como Ley de Interoperabilidad. En *Gaceta Oficial* N° 39.945, de fecha 15-06-2012.

Presidencia de la República Bolivariana de Venezuela. Decreto N°1411 con rango, valor y fuerza de Ley de Reforma de la Ley Orgánica de Ciencia, Tecnología e Innovación. *Gaceta Oficial* Extraordinaria N° 6.151 de fecha 18-11-2014.

Presidencia de la República Bolivariana de Venezuela. Decreto N° 1423 con rango, valor y fuerza de Ley de Simplificación de Trámites Administrativos. *Gaceta Oficial* N° 40.549 de fecha 26-11-2014.

Presidencia de la República Bolivariana de Venezuela. Decreto N° 6.155 con Rango, Valor y Fuerza de Ley de Reforma de la Ley Orgánica de Aduanas. *Gaceta Oficial* Extraordinaria N° 6155 de fecha 19-11-2014.

Presidencia de la República Bolivariana de Venezuela. Decreto N° 1424 con Rango, Valor y Fuerza de Ley Orgánica de la Administración Pública. *Gaceta Oficial* Extraordinaria N° 6147, de fecha 17-11- 2014.

Ministerio de Ciencia y Tecnología de la República Bolivariana de Venezuela. Resolución N° 237 *Gaceta Oficial* N° 38-058 de fecha 04-11-2004.

Tribunal Supremo de Justicia. Sala Plena. Resolución 2016-0021 para dictar las Normas de Adecuación Administrativa y Tecnológicas que regularán los Copiadores de Sentencia, y los Libros de Registros que lleven los Tribunales de los Circuitos en las sedes judiciales y de las Copias Certificadas que estos expidan, *Gaceta Oficial Ordinaria* N° 41117 de fecha 20-03-2017.

Sitios Web

Venezuela marca el rumbo en reducción de brecha digital RSS. Disponible En:http://www.conatel.gob.ve/venezuela-marca-el-rumbo-en-reduccion-de-brecha-digital/. Consultado el 25-09- 2015.

http://www.presidencia.gob.ve. Consultado el 24 de octubre de 2015.

http://www.asambleanacional.gob.ve. Consultado el 20 de octubre de 2015.

http://www.mp.gob.ve. Consultado el 22 de octubre de 2015.

http://www.defensoria.gob.ve. Consultado el 22 de octubre de 2015.

http://www.mpprij.gob.ve. Consultado el 24 de octubre de 2015.

RESUMEN CURRICULAR

Datos Personales: Dra. Gladys Stella Rodríguez

E-mail: gr1970ve@gmail.com

Idiomas: Inglés Instrumental

Formación Académica:

Abogada: egresada con la distinción SUMMA CUM LAUDE. (LUZ)

Magíster: en Planificación y Gerencia de Ciencia y Tecnología. (LUZ)

Doctora: en Derecho. (LUZ)

Postdoctora: en Gerencia en las Organizaciones. (URBE)

Con Curso Aprobado: en Administración Electrónica La Reforma del Estado en la Sociedad de la Información y el Conocimiento, Universidad Nacional de La Plata, Argentina (2009).

Con Curso Aprobado: en Teoría y Práctica del Derecho de los Negocios Internacionales, Universidad Complutense de Madrid, España (2009)

Cargos que Desempeña:

Profesora Titular de Pre-Grado y Post- Grado en la Universidad del Zulia, en las asignaturas de Derecho Internacional Público, Informática Jurídica y Derecho Informático.

Investigadora adscrita al Instituto de Filosofía del Derecho en la Sección de Informática Jurídica y Derecho Informático.

Coordinadora Académica del Programa de Estudios sobre Derechos Humanos, Nivel de Postdoctorado de L.U.Z

Reconocimientos:

Miembro del Programa de Promoción del Investigador PPI desde el año 1998.

Profesora Meritoria del Programa de la Comisión de Beneficio Académico, durante las Convocatorias, 1999-2000 (Nivel II) y Convocatoria 2001-2003 (Nivel I).

Actualmente acreditada en el Programa de Estímulo a la Investigación (PEII, Nivel C).

Acreditada con la Orden al Mérito Universitario Dr. Jesús Enrique Lossada en su Primera Clase. Año 2010.

Publicaciones:

Libros:

El Comercio Electrónico bajo el Marco de la OMC y la Comisión de Naciones Unidas para el Derecho Mercantil Internacional, Editorial Jurídicas Rincón, Barquisimeto, 2004.

Software propietario versus Software Libre: Oportunidades y Retos, Editorial académica española, 2011.

Revistas y/o Publicaciones Periódicas:

- Título del Trabajo: "Bases de Datos y su protección legal" Revista: *DIKAIOSYNE*, del Grupo Investigador "Logos": Filosofía, Derecho y Sociedad. Volumen: N° 1, Año I, 1998.

- Título del Trabajo: "El Software y su protección legal Revista Tachirense de Derecho", N° 10, 1998.

- Título del Trabajo: "Iniciativas estratégicas contra la piratería del software". *Revista Venezolana de Gerencia*, Año 3, N° 6, 1998.

- Título del Trabajo: "Algunas Reflexiones filosóficas sobre la tecnología moderna". Revista: *FRONESIS*. Volumen: 6, N° 2, 1999.

- Título del Trabajo: "Principios Básicos de la Contratación Informática". *Revista de la Facultad de Ciencias Jurídicas y Políticas de la UCV*, 1999.

- Título del Trabajo: "Importancia de las Patentes para las invenciones universitarias". *Revista de Derecho*, N° 12, Barranquilla, 1999.

- Título del Trabajo: "Formas de pago Electrónicas: Anuario de Derecho". Universidad de los Andes. Facultad de Ciencias Jurídicas y Políticas. Centro de Investigaciones Jurídicas, Año 23, N° 23, Publicación Anual 2001, Mérida-Venezuela.

- Título del Trabajo: "La Responsabilidad Informática en el proceso de negociación de bienes y servicios informáticos". *Revista de Derecho*, N° 14, Barranquilla, 2000.

- Título del Trabajo: "El Habeas Data en los umbrales del siglo XXI". *Revista Tachirense de Derecho*, N° 12, 2000.

- Título del Trabajo: "Seguridad Informática: alcances de la responsabilidad en el marco de la actividad informática". *Revista de la Facultad de Ciencias Jurídicas y Políticas. UCV*, N° 118, 2000.

- Título del Trabajo: "El Derecho frente al desarrollo científico-tecnológico", *Revista OPCIÓN*, N° 34, 2001.

- Título del Trabajo: "Algunas Consideraciones sobre las nuevas tecnologías en el contexto de los países en desarrollo". Capítulo de Libro: *Estudios de Filosofía del Derecho y de Filosofía Social*, Vol. II. *Libro Homenaje a José Manuel Delgado Ocando*, 2001.

- Título del Trabajo: "El Comercio Electrónico: Algunas nociones de seguridad". *Revista de Derecho* N° 16, 2001.

- Título del Trabajo: Sobre la revolución Digital: retos y Oportunidades Revista: *Boletín del Instituto de Filosofía del Derecho "Dr. J.M. Delgado Ocando"*, N° 4, (2001).

- Título del Trabajo: "Los datos personales en la era digital bajo la perspectiva de la Constitución de 1999". *Revista FRONESIS*, Vol. 10, N°1, 2003.

- Título del Trabajo: "Democracia Digital". *Revista: Cuestiones Políticas*, 2003.

- Título del Trabajo: "Proyectos y Alternativas reguladoras de la actividad comercial en el entorno electrónico a nivel internacional". Capítulo de Libro *Homenaje del Tribunal Supremo de Justicia*, N° 12, 2003.

- Título del Trabajo: "El E-COMMERCE a nivel internacional". *Revista de Derecho Universidad del Norte (UNINORTE)*, Barranquilla, N° 20, 2003.

- Título del Trabajo: "De la Firma Autógrafa a la Firma digital: Perspectiva venezolana". Revista: *Lex Nova*, N° 243, 2003.

- Título del Trabajo: "Globalización desde una perspectiva Critica-Reflexiva". Revista: *Boletín del I.F.D*, N° 5, 2002-2003.

- Título del Trabajo: "Gobierno Electrónico: Hacia la modernización y transferencia de la gestión pública". *Revista de Derecho Universidad del Norte (UNINORTE)*, Barranquilla, N° 21, 2004.

- Título del trabajo: "Red y Democracia. Retos y Oportunidades para La Participación. Compilación del VIII Congreso Venezolano de Derecho Constitucional, Derecho Constitucional e Institucionalidad Democrática", 2004.

- Título del trabajo: "Cumbre mundial sobre la sociedad de la información". *Desafíos Revista Frónesis*, Vol. 2, N° 2, 2005.

- Título del trabajo: "Comercio Electrónico: Una revisión desde la Unión Internacional de Telecomunicaciones". *Revista de Derecho (UNINORTE)*, N° 23, Barranquilla, 2005.

- Título del Trabajo: "Comercio Electrónico: Necesidad de un escenario para la seguridad y la responsabilidad legal". *Revista Lex Nova*, 2006.

- Título del trabajo: "Algunas Consideraciones sobre la protección del consumidor final en el comercio electrónico". *Revista IURIDICA Universidad Arturo Michelena*, 2006.

- Título del Trabajo: "Condiciones de Validez y Existencia de los Tratados Internacionales". *Revista Lex Nova*, en Co-autoría, 2006.

- Título del trabajo: "Red y Democracia. Retos y oportunidades para la participación". *Revista Lecciones y Ensayos Universidad de Buenos Aires*, 2006.

- Título del Trabajo: "Derecho de Protección de los Datos en el Marco del Comercio Electrónico: Principios de Responsabilidad". *Revista Lumen*, Perú, 2007.

- Título del trabajo: "Proveedores en Línea: Responsabilidad Jurídica en Venezuela". *Revista TELEMATIQUE. Revista Electrónica de Estudios Telemáticos*, Volumen N° 7, Edición N° 2, 2008.

- Título del Trabajo: "El software Libre y sus Implicaciones Jurídicas". *Revista UNINORTE*, Barranquilla, 2008.

- Título del Trabajo: "Software Libre: Oportunidades y Retos con especial referencia a Venezuela". *Revista Opinión Jurídica*, Vol. 7, N° 14, Julio-Diciembre, Medellín, 2008.

- Título del Trabajo: "Informática de Gestión: Herramienta para la transformación de la Administración Pública. *Revista Cuestiones Políticas*, Vol. 25, N° 43, Año 2009.

- Título del Trabajo: "Capital Intelectual bajo el modelo de E-Commerce". *Revista TELOS*, Vol. 11, N° 3, Año 2009.

- Título del Trabajo: "Derechos de Autor frente a Internet: Protección y Solución de Conflictos". *Revista IURIDICA*, Vol. 6, Año 2010.

- Título del Trabajo: "La Empresa Ecogestionada: Modelo De Gestión Estratégica", *Revista CICAG*, Vol. 7, Edición 1, Año 2010.

- Título del Trabajo: "El Arbitraje en Línea: Nociones y Algunas Experiencias". *Revista Tachirense de Derecho*, N° 21 /2010. Universidad Católica del Táchira, San Cristóbal, Venezuela.

- Título del Trabajo: "El Derecho a la Protección de Datos en el marco del comercio electrónico". *Revista LUMEN* N° 7, Año 2011. Universidad Femenina del Sagrado Corazón Facultad de Derecho, Lima-Perú.

- Título del Trabajo: "Gestión de Comunicación en las Organizaciones de Comercio Electrónico: Perspectivas". *Revista CICAG*, Vol. 8, Edición 1, Año 2011. Universidad Dr. Rafael Belloso Chacín, Maracaibo, Venezuela.

- Título del Trabajo: "Gerencia en los procesos en la era de Internet: Caso Organizaciones de E-Commerce". *Revista Gestión y Gerencia*, Vol. 5, N° 3, Diciembre 2011. Universidad Centro Occidental Lisandro Alvarado, Barquisimeto, Venezuela.

- Título del Trabajo: "Riesgos del consumidor electrónico en las prácticas publicitarias". *Revista de Derecho UNINORTE* N° 37, del Año 2012, Barranquilla, Colombia.

- Título del Trabajo: "Protección de Datos frente a la publicidad en línea: Estudio comparado". *Revista Cuestiones Jurídicas*, Vol. VI, N° 2, Año 2012.

- Título del Trabajo: "Régimen de Derechos de Autor frente a contenidos abiertos". *Revista Fronesis*, Vol. 20, N° 2, 2013.

- Título del Trabajo: "Principios Jurídicos del Contrato Electrónico en el marco del comercio B2B: especial referencia a las PYMEs de los países en el desarrollo". *Revista Derecho y Tecnología Universidad Católica del Táchira*, N° 14, Edición 2013.

- Título del Trabajo: "Ciberseguridad en Venezuela y su impacto en las redes sociales: protección vs. violación de derechos". *Revista de Derecho y Tecnología*, N° 15, Edición 2014, Universidad Católica del Táchira

- Título del Trabajo: "Scriptorium La Ciberseguridad: Una asignatura pendiente en la sociedad de la información". *Revista Fromesis*. Vol. 22, N° 2, Año 2015.

- Título del Trabajo: "Ciberseguridad realidad y tendencias en Venezuela". *Revista Cuestiones Jurídicas*. (Aceptado) Año 2015.

Presentación de Trabajos:

Ponente en más de sesenta eventos; Once celebrados en el exterior y cincuenta y dos celebrados en el país de carácter internacional e internacional en materia de Derecho Informático y de Derecho Internacional.

Formación de Recurso Humano:

Tutora de más de 15 Tesis de Postgrado en LUZ.
Jurado de Tesis y Trabajos de Ascenso.

Actividad de Investigación:

Investigadora Responsable de Proyectos de Investigación Financiados y Registrados ante el Consejo de Desarrollo Científico y Humanístico (CONDES) desde el año 1998.

Proyectos:

1. Bases Teórico Metodologías de la Contratación en el marco de las nuevas tecnologías 1999-2000.

2. Teoría y Fundamento de la Responsabilidad de Daños en materia de contratación informática 2000-2002.

3. Regulación del E-commerce bajo el marco de las Organizaciones Internacionales, con especial referencia a América Latina, Primera Parte 2003-2004.

4. Gobierno Electrónico: Algunas iniciativas para su instauración en Venezuela 2004-2005.

5. Regulación del E-commerce bajo el marco de las Organizaciones Internacionales, con especial referencia a América Latina. Parte II 2004-2005.

6. Gobierno en Línea: Principios para su Implementación. 2005-2006.

7. La Protección de los Consumidores y Usuarios en la Contratación Electrónica en Venezuela: Un código de Conducta para la formación del contrato en línea 2005-2007.

8. Los Tratados Internacionales en el marco de la Constitución de 1999. 2004-2005.

9. La Responsabilidad Civil de los que intervienen en el Mundo Digital. 2006-2007.

10. Modelo de Formación Combinado (B_Learning) para la Asignatura Informática Jurídica mediante el uso de las Tecnologías de Información y Comunicación (TICs). 2008-2009.

11. Mecanismos de Resolución de Disputas en Línea en el Comercio Electrónico. 2009-2010.

12. El Riesgo Informático: Mecanismos de Solución. 2010-2011.

13. Plan jurídico-político en materia de promoción y protección de la libertad informática en Venezuela. 2011-2012.

14. Regulación de la ciberseguridad de la información en el Estado Venezolano: Avances y Desafíos en las redes sociales virtuales 2014-2017.

15. Arbitraje Comercial internacional en línea: Consideraciones Técnicas y Político-Jurídicas de su Entorno **(Co-Investigadora Principal) 2015-2017.**

Otras Actividades

- **Coordinadora** de la Unidad de Propiedad Intelectual en LUZ durante el año 2000.

- **Secretaria-Coordinadora** del Instituto de Filosofía del Derecho durante el 2001.

- **Integrante de la Comisión** para la Creación del Programa Académico Gerencia Legal en Telecomunicaciones, Nivel Especialización.

- **Asesora de la comisión de Telemedicina** Convenio entre LUZ y UNESCO.

- **Árbitro de Revistas Científicas.**

- **Miembro de las Comisiones para**: La Automatización de la Biblioteca Dr. Jesús E. Losada. La Normativa para presentar trabajos en LUZ. Año 2003.

- **Miembro de la Comisión Electoral** de la Asociación Venezolana para el Avance de la Ciencia (AsoVAC). Año 2005.

- **Coordinadora de Asesorías Académicas de la Escuela de Derecho** 2006-2008.

- **Coordinadora de la Comisión de Coloquio del IFD** 2005-2008.

- **Miembro de la Comisión Electoral del IPPLUZ** 2006-2009.

- **Miembro del Comité Académico del Programa de Postdoctorado** en Derechos Humanos de la División de Estudios para Graduados de la Facultad de Ciencias Jurídicas y Políticas de la Universidad del Zulia 2011-2012.

ÍNDICE

AGRADECIMIENTO 9

EPÍGRAFE 11

INTRODUCCIÓN.. 13

CAPÍTULO I:
NOCIONES FUNDAMENTALES

I.   DESARROLLO HUMANO... 17

II.   TECNOLOGÍAS DE INFORMACIÓN Y COMU-
      NICACIÓN (TIC).. 20

III. GOBIERNO ELECTRÓNICO, E-GOBERNANZA O
      GOBIERNO ABIERTO O INTEGRADO......................... 22

      1.   Características del Gobierno Electrónico o E-
           Gobernanza 26

      2.   Principios del Gobierno Electrónico....................... 28

      3.   Estructuras y Fases del Gobierno en línea............. 30

CAPÍTULO II:
IMPACTO DE LA INFORMÁTICA JURÍDICA DE GESTIÓN EN LA ADMINISTRACIÓN PÚBLICA

I.   IMPLICACIONES DE LA INFORMÁTICA EN LA
      ADMINISTRACIÓN PÚBLICA 39

      1.   Motivación a los actos administrativos.................. 39

      2.   Organización Administrativa.................................. 40

3. Publicidad y Prueba de los Actos Administrativos 41

4. Control integrado 42

5. Atribución de Responsabilidad............................. 42

II. SEMEJANZAS Y DIFERENCIAS ENTRE GOBIERNO TRADICIONAL Y GOBIERNO ELECTRÓNICO.. 43

CAPÍTULO III:
GOBIERNO ELECTRÓNICO

I. ALGUNAS GENERALIDADES 45

II. GOBIERNO DE VENTANILLA ÚNICA O GOBIERNO INTEGRADO EN EL MARCO DE LAS NACIONES UNIDAS... 47

III. PAPEL DE LAS REDES SOCIALES VIRTUALES......... 51

IV. ALGUNAS VENTAJAS DE LA INSTAURACIÓN DE UN GOBIERNO ELECTRÓNICO.......................... 53

V. ALGUNOS OBSTÁCULOS PARA LA INSTAURACIÓN DE UN GOBIERNO ELECTRÓNICO 54

VI. MARCO LEGAL DEL GOBIERNO ELECTRÓNICO EN VENEZUELA 55

1. Bases Legales.. 56

CAPÍTULO IV:
GOBIERNO ELECTRÓNICO: UNA MIRADA DESDE LOS OBJETIVOS DE DESARROLLO DEL MILENIO

I. ALGUNAS CONSIDERACIONES............................... 75

II. PRINCIPALES ESFUERZOS EN LA REGIÓN: LOGROS Y RETOS 76

III. PRINCIPALES ESFUERZOS POR PARTE DE VENEZUELA: LOGROS Y RETOS 79

CONSIDERACIONES FINALES 87

REFERENCIAS BIBLIOGRÁFICAS....................................... 91

RESUMEN CURRICULAR.. 101

www.ingramcontent.com/pod-product-compliance
Lightning Source LLC
Chambersburg PA
CBHW031522270326
41930CB00006B/477